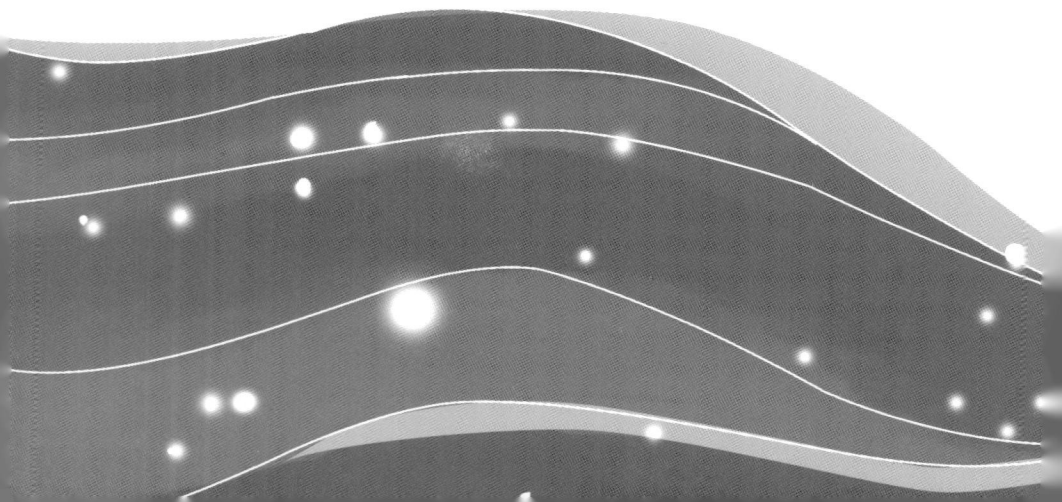

丛书主编：楼朝辉 施民贵

差异教育**成果丛书**
Achievements on Differentiation Education

在美国印州的日子

吴玉兰◎著

ZHEJIANG UNIVERSITY PRESS
浙江大学出版社

序

全球化的今天，人们已经不仅仅把"教材当作学习的世界"，更是把"世界当作学习的教材"。身在杭州，校长和老师们总是有很多机会走出国门，走向国外，更为宝贵的是可以长时间地走入国外教师的课堂持续地关注和学习。

本书的作者吴玉兰老师是一名优秀的数学老师，她被推荐带领天长小学的两名学生，不远万里，走进美国印第安纳州……与当地的孩子一起学习，一走生活了两个多月，其中有八周是真正融入了当地的学校，感受异国课堂，体验异国文化。吴老师是一位有心人，善于观察，勤于记录，乐于思考。在美国期间，她就有意识地把在当地的所见所闻、所思所想记录下来，回国整理成册，就有了这本《在美国印州的日子》，让我们更多人有机会通过文字走进鲜活生动的、真实的美国小学课堂。

读完吴老师的作品，我感受最深刻的有三点：一是美国的教育民主又不失规则。在很多人心中，美国是一个讲民主的国度，因此，在学校里，在课堂上，学生应该是自由的，可能没有那么多的条款要遵守。而在吴老师的眼中，美国的民主是在一定规则上的民主。校园内只能轻轻走，不能大声叫嚷；上厕所要排队，不能拥挤；每个班都有班规，告诉学生能做什么，不能做什么……我们现在都在提"核心素养"，究竟什么是核心素养？专家的解读是适应学生终生发展和社会发展需要的必备品格和关键能力。也就是说，教育不仅仅是为了获得不同学科的若干知识、技能和能力，也同时要指向人的精神、思想情感、思维方式、生活方式和价值观的生成与提升。人性善良、品格正直，基本的礼节、涵养正是核心素养必不可少的一部分，这些是美国教育所关注的，也是值得我们学习的。也正是这样的教育，才有了吴老师看到的和谐的邻里关系，自信地为大家服务的残疾人……

二是美国的教学开放又注重差异。一说起中美教育的差异，估计很多人会说，中国的教育"重知识"，美国的教育"重能力"；中国的学生会"模仿"，美国的学生会"创新"。那么，美国的课堂教学究竟是怎样的？日常教学中如何培养学生的创新能力？跟随着吴老师清新的笔触，我们看到了一个开放的美国课堂。科学课、社会课上，老师抛出问题让学生自主设计解决问题的方案；数学课上，给予学生充分的自主探究的时间与空间去解决问题……同时，又十分尊重学生的差异，为学生"量身定制"需要的学习材料。正是这样开放的学习环境，正是这种个性化的学习方式，让学生有了更多的展示空间，使能力的培养成为可能。

三是美国学生的学习轻松又不简单。身边有很多家长认为，在国内读书太辛苦，还是让孩子出国留学为好。从与吴老师一起前往美国游学的两个孩子的文字中我们可以感受到，美国小学中学生的学习生活确实没有国内紧张。他们的双休日不是用来上培训班的，而是走向社会，参加各种活动。但是在这种貌似"轻松"的学习背后，我们也可以看到美国学生的学习并不简单。作业不多，但是以项目式学习的方式呈现，需要查找资料，了解背景，更考验孩子们的学习能力。而这些，也正是我们国内教育所需完美和提升的。

感谢吴老师，用一件件发生在美国课堂、美国邻里之间，以及美国街头巷尾的小故事，带着我们从小事中看出了大不同，让我们有机会更近距离地观察美国文化和美国教育。此书不是系统阐述美国教育的全部，但每一点都是作者亲历，身在其中深有感触。"一千个读者眼里有一千个哈姆雷特"，这是吴老师的视角，一个小学数学老师的视角，难得、独特且珍贵，但愿也能引发您的共鸣，促发您的思考，改变您的行动。

浙江省特级教师
教育部首批公派留学英国访问学者　唐彩斌

目　录
CONTENTS

上篇

印州教育零距离

初到印州

在路上

北京时间2014年7月30日早上十点，是我和访问美国印第安纳州的交换生——杭州市天长小学六（3）班张天尧、五（1）班张本聪同学出发的日子。与楼校长合影后，带着学校和家长满满的期望，孩子们开启了赴美学习的旅程。因上海浦东机场交通管制，当天很多国内航班被取消，很多飞机也不能在浦东降落。所幸的是，我们的航班只延误了一小时，我想，应该赶得上下一班飞机。

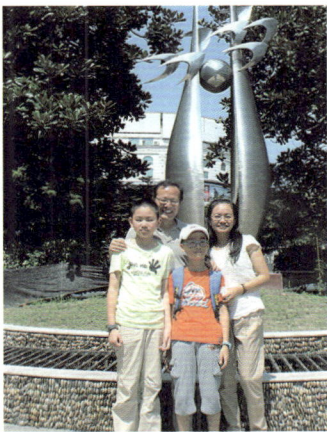

出发前的合影

13个多小时的机上生活用一句话概括就是——吃了睡，睡了吃。两个小家伙明显精神比我好，看电影，前后走走，用毯子玩玩"魔鬼来了"的游戏，一直到最后，天天才睡了一会儿，而聪聪每次都告诉我"我已经睡过了"，其实就是十几分钟而已。后来美国美中国际教育交流协会的负责人Jessica告诉我，飞机上一次次的送餐，其实是在帮我们调时差。

我的英语水平属于"烂得可以"，只会几个简单的单词。下飞机后又把海关可能会问到的那几个问题的答案背了背。可能海关的工作人员看我用英语交流实在困难，也就不为难我了，爽气地给我们仨盖了章，顺利过关。不料，同行的温州孩子的妈妈被拦下了，我用蹩脚的英语沟通后才知道，好像是向我们要回程票。可是，网上预定的票，怎么拿得出来？工作人员把我们带到一间小屋子，随后又换到另一个小区域，让我们在那儿等待。随着转机时间越来越靠近，我们也越来越着急。想求助Jessica，却发现前一期老师留给我的电话卡无服务，而登录网络又要账户。忐忑，不安，会把那个妈妈遣送回国吗？我很担心。终于，有人理我们了，一声"你好！"——盖章放行。不明不白被扣了一场，所幸有惊无险。

找到行李的同时，也发现了一个东方面孔的机场工作人员。

"Excuse me, Can you speak chinese?"

"Yes!"

这真是雪中送炭啊！问清了后续该做的事，托运行李，换登机牌。然而，被告知原来的航班已没有座位，被安排到后面的航班，又比预定时间晚了一个多小时。

进入飞往美国国内航线的航站楼，就发现不再看得到中国面孔了。幸亏暑假最后一节英语课时，英语老师又给我恶补了一下机场会用到的相关单词，所以还是顺利地找到了登机口。广播里"叽里咕噜"地说了一大串英文，我一句也没有听懂。于是，我弱弱地问工作人员："Can I board now?""No..."虽然后面说的是啥不知道，但至少知道了不是正在登机。不放心，我又问了一句："This is my ticket,Can I wait here?""...here..."又是一长串英文，看到了工作人员点头，听懂了"here"，知道应该没错。看来，抓关键词和看肢体语言还真是挺有用的一招。

顺利登机，顺利抵达，没想到又遇到了麻烦。下飞机后，人们并不像我们在国内一样往一个方向走，有一边排队等候的，有往通道走的。孩子们去打探了一下，说通道可以出去，便随了他们的愿。一出通道口我们又傻眼了。这不是登机的地方吗？该去哪儿拿行李？遵循前一期老师的指导——多问，我又用上了"可

"怜巴巴"的英语,照例啥都没听懂,但看懂了往前指的动作。于是一路向前,一抬头发现指示牌上也有指引,甚是开心。顺利找到行李,顺利看到来接我们的Jessica,一颗悬着的心终于落地。找到"亲人"的感觉就是好!我终于理解为什么身边离家远的朋友喜欢找同乡了。

印州初印象

虽然子夜一点多才睡下,但早上六点多一点,生物钟就把爱睡懒觉的我叫醒了。难道是它以为我睡了一个长午觉?

洗漱完毕,发现生活老师云姐已经为大家准备了丰富的早餐,有粥,有汤,有自己做的馒头,还有小菜,让我产生了一种自己仍然是在中国的感觉,温馨之感油然而生。想起晚上到得很迟,但云姐一直等着我们,还为我们准备了夜宵,让我们能够"安慰"那吃了十多个小时的飞机餐的胃,不得不说美中国际教育交流协会考虑得还真挺周到。

吃完早餐,在美中国际教育交流协会管理老师徐老师的指导下,我给孩子们开了个短会,介绍了学生中心的相关注意点。两个孩子听得很认真,还将一些重要的事情做了记录。想起早晨天天教聪聪整理床铺的一幕,我对他们也充满了信心。

熟悉周边环境也是孩子们的一项重要任务。徐老师带着我们开始了社区行。走在路上,一幢幢小别墅映入眼帘,大片的绿地甚是养眼;微风拂面,凉凉的。进了附近的一家小超市,进门"Morning",出门"Bye",不管我们是否购物,服务员都是满脸微笑,我们终于体会了一把美国人的热情。

走了没多远就到了社区公园,大面积的草坪、大型的游乐设施让孩子们欢呼雀跃。荡秋千,爬上爬下,他们玩得不亦乐乎。回到家,两个娃都在微信上告诉爸爸妈妈自己很开心,说他们很喜欢美国,这让爸爸妈妈也很放心。

在美国印州的日子

　　下午，美中国际教育交流协会的小夏姐姐带着孩子们开始了上学前的准备工作——购买校服与学习用品。美国校服有统一的样式，但颜色可以随意选。我们在超市里遇到很多购买校服和文具的孩子，他们都在做开学前的准备工作。想想国内，这时候孩子们都是在新华书店购买各种学习辅导手册；而在美国，老师们对教辅材料没有任何要求，而是提醒孩子们准备好各种学习用品。这是不是也反映了中美教育理念的差异？孩子们到底是应该重视知识技能，还是应该重视良好习惯的养成？

和CFI#84学校校长合影

　　今天是孩子们入学的CFI#84学校（the Center for Inquiry 84 School）的家长开放日，作为两个孩子的临时家长，我也带着两个孩子来到了学校。在门口就遇到了校长——一位和蔼可亲的女士。我用那"可怜巴巴"的英语和校长做了短暂的交流，介绍了自己。热情的校长把我们带到了学校的室内操场（类似我们的大礼堂），里面就像我们的社团招生一样，有很多老师在"摆摊"。同行的小夏介绍，这是老师们在等待家长的前来。有发放学生资料的，有介绍新学期各类课后社团的，还有家长委员会在捐赠一些自己的孩子们穿不着的校服。这里甚至还给孩子们准备了棒冰和冰淇淋，细心的老师让孩子们擦了免洗的洗手液，再递给孩子们美味可口的冰淇淋。领完资料奔赴二楼，带着孩子们去认识教各科的老师。在美国，六年级开始就算初中了，实行走班制。每个老师有一个专用教室，在教室里等待孩子们前来上课；每个孩子都有一个柜子存放日常用品，而每节课则拿着本节课所需的物品前往专用教室上课。两个孩子都被分在了六年级，班主任是一位帅气的科学老师。听说有解剖动物的课程，两个孩子十分期待，又有点忐忑。我最感兴趣的是数学专用教室，因为我出发前刚建议我们学校的校长安排一个数学游戏室，在里面准备各种学具，以便孩子们能在轻松的氛围里快乐学习。在这里，我的愿望变成了现实。由于是高年级，CFI#84学校的数学教室并没有太多的其他器材，但是教室里悬挂的图形面积的公式，以及那些简单的积木和平面图形的图片，都散发着数学的韵味。

CFI#84学校开学前的家长会类似我们的新学期报到。不同的是，它们更多地体现了为学生服务的理念。从在学校门口亲自迎接孩子们的校长到等待在教室门口的满脸笑容的老师，都可以让每个孩子感受到回学校真好！

到印州的第一天，由于时差的关系，我还有点昏昏沉沉，但看到的中美教育的不同却是那么的清晰。开学前孩子们该做怎样的准备工作？开学前如何更好地为学生和家长服务？虽然都是小问题，却值得我们深思。

我们在美国的家

开学第一天

穿上新校服，帅吧！

开学的第一天，一大早，孩子们就穿好了崭新的校服，早早地在家门口等待校车的到来。终于，远远地看到校车闪着大灯来了，孩子们激动地向校车挥手。可是那司机低头看着手上的纸，居然不停，开走了。孩子们好失望。不料，十分钟以后，校车居然又回来了！原来，司机是第一次开这条线路，加上是开学第一天，他还不熟悉，所以忘了停车，幸好发现得早，就又返回来把我们接上了。

早听说校车会绕来绕去，到学校五六分钟的路程可能会开很久。没想到的是，时间已过去了一个小时，我们的校车居然还在路上。一直到九点三十六分到达校门口时，大门已经紧闭，同行的美国小朋友告诉我们，那是因为我们迟到了。正担心怎么进去，来了一位老师迎接我们，并细心地给孩子们的手臂上戴上校车的号码牌，以免他们回去的时候坐错校车，我不禁感叹，美国人的细致真是随处可见。

进了校门，校长已在大厅等候，匆匆问好后我们就赶往教室。第一节是科学课，科学老师正在讲本学期的要求，说实话，我一句都没有听懂。幸好科学老师发了一张印有本学期要求的纸，回家后再慢慢翻译吧！

第二节数学课，仍然是先发学习要求单，并要求孩子们回家后和父母一起读。在国内，每次开学第一天我们也会提本学期要求，但往往孩子们听过就忘，家长也不清楚。像这样把本学期知识上的学习要求、课堂常规，以及作业方面的要求，在开学时就以书面的形式，让每个孩子和家长都细读并清晰地了解，不失为一种好方法。

孩子们在上数学课

数学课上，老师的要求是把一个长方形分割成六个三角形，再涂上红、黄、蓝三种颜色，并用它们折出规定颜色的图形。明白了操作要求后，孩子们马上动手。由于不需要过多的语言交流，只要动手动脑就可以，孩子们显得十分自信，快速拼出了各种形状，得到了数学老师 Mrs. Williams的多次表扬——"Good job!"

天天积极参与折纸实践

　　放学回家后，学生中心的老师问："开学第一天，感觉如何？"两个娃开心地说感觉很好。英语课上没听懂，老师会用iPad帮他们翻译成中文，让他们知道该干什么；班里的同学对他们也很友好，两个人都已经找到了会说简单中文的好朋友。

It's a nice day!

开学第一课

数学老师是一个很热情的黑人，学期开放日那天一见面就很热情地自我介绍道："My name is Williams."她的教室不像科学教室那样——课桌椅子摆得很随意，而是整齐地排成了几排，看来数学老师的严谨性在布置教室的时候也有一定的体现。教室储物柜中的学

聪聪在课堂上

具，以及张贴在墙上的那些用以介绍公式的图形，似乎在告诉大家：这是一个数学专用教室。

从来没有想过数学教室也可以有专用的，但这一直是我的梦想——教室里摆满学具，想用什么就可以随意拿取，不用从这个教室搬到那个教室，多好！考虑到低年级体验性的活动更多，我曾向校长提出新校区装修时能不能设立一个数学游戏室，以便低年级的孩子们上数学游戏课，体验数学学习的乐趣，寓教于乐，激发他们的兴趣，帮助他们建立自信。听同事说，今年新入学的一年级还真的有了数学实验室，也安排了数学实验课。我想，回去后一定要好好去看看。

开学第一节数学课的内容是折纸游戏。不知道是不是因为这是开学的第一天，所以学习内容特别简单。老师下发了学习材料，并提出活动要求：在字母R、B、Y、G上分别涂上红色、蓝色、黄色和绿色，并在反面涂上相同的颜色，然后把它们剪下来，按照给出的图形折叠。孩子们听清楚要求后就开始动手了，涂色、剪、拼，拼出一个就举手让老师批改，Williams会热情地给予及时评价："Good job!"遇到有困难的孩子，Williams也会让孩子们互相合作，互相帮助，你教我，我教你。

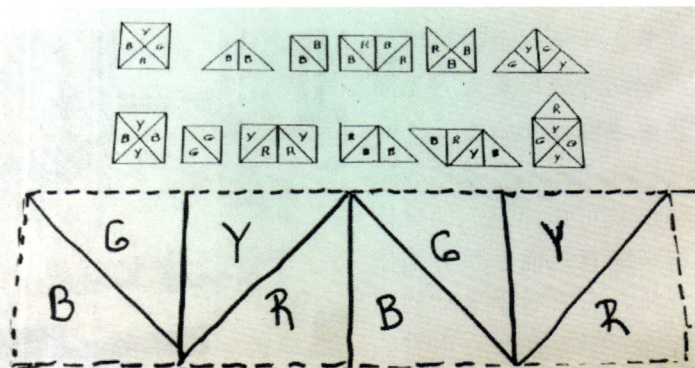

数学学习材料

美国的课堂比较自由，不时会有孩子征得老师同意后离开座位拿东西或削铅笔，也不时会有其他老师进来问一些事，甚至中途还来了一个老教师帮着批改孩子们的作业。据了解，这可能是退休教师做志愿者来帮忙。

长达50分钟的数学课不知不觉已近尾声。原以为Williams会像国内教师一样进行一番回顾与总结，没想到她只是让孩子们把没拼出来的部分带回家继续拼，便结束了当天的课程。门口已经有下一个班的孩子在等着了，虽然没有时间做交流，但留给孩子们充足的时间进行自主研究这一模式还是给我留下了很深的印象。这样的课堂，孩子们学习的自主性得到了充分的体现。在让孩子充分体验的同时，我开始思考：这样的活动目的是什么？如何达到预定目的？活动后是否需要一定的小结与提炼？是否需要进行策略的指导，让每个孩子都有所提高，以便更好地发挥教师的组织、引导作用？

这可以说是一节数学活动课。如果我来上这节课，我会怎么上？我反问自己。整体不变，细节改进，是否可行？脑海中初步预设了一个活动方案。

活动目标：

1.了解图形的分与合，能用分块并涂色的长方形折出规定色块的其他图形。

2.通过观察、想象、操作的过程，发展空间想象力。

3.在合作、交流的过程中提高交往能力。

活动过程：

一、开门见山，直接引入

1.出示一个长方形：这儿有一张长方形的纸，如果以它的宽作为等腰直角三角形的一条腰，能分出几个等腰直角三角形？你打算怎么分？（学生想象后展示分法，体会图形之间分与合的关系。）

2.揭示课题：今天我们就用这张长方形来折纸。

二、尝试活动，体会方法

1.出示活动要求，请学生自己阅读。

（1）根据三角形上标注的R、B、Y、G分别给三角形涂上红、蓝、黄、绿四色，反面也涂上相同的颜色。

（2）将涂好颜色的长方形剪下来。

（3）用剪下来的长方形折出指定色块的图形。

2.质疑：有没有什么要问的？

3.独立活动。

4.交流：

（1）你已经折出了几幅图？手势表示。

（2）小组交流：选两幅图介绍你的折法；讨论有没有什么好的建议。

（3）全班交流：谁有好的建议？

5.教师选两幅图，先想可以怎么折，再动手折一折，比谁折得又好又快。

【设计意图：在自己理解活动要求的基础上进行尝试活动，初步体会折纸的过程中图形与图形之间的关系，积累活动经验。同时先想再折，培养空间想象能力。】

三、再次活动，梳理折纸策略

1.用先前同学们提出的建议继续折剩下的图形，看看是否有进步。

2.折纸比赛：老师选图形学生折，比谁又好又快。

3.小结：折图形时我们要注意什么？

【设计意图：再次活动相当于前一阶段学习的巩固，在独立折的基础上进行折纸比赛，进一步提高观察能力与动手能力，发展空间观念。】

四、自主创作，提升想象能力（机动，可以作为回家作业）

1.看着长方形，想象折出来的图形，并把它画下来。

2.折一折验证，看看是否能折出来；如果折不出来，想想原因。

【设计意图：自主创作是学习的拓展，更注重空间想象能力的培养。本环节采用想（脑中折）—画—折（验证）的过程，为学生提供了更大的想象的空间。同时"想—做—想"循环往复，在提升空间想象能力的同时提高反思力，发展空间想象力。】

当然，这样的教学流程还未经实践验证，需在实践中检验是否对孩子空间观念的培养有更大的好处。

孩子们的在校生活

终于明白为什么楼校长要我们好好学英文了，在CFI#84学校的短短两天，深度体会了语言不通的苦，尤其是科学课上班主任Mr.Neutratur所使用的众多专业术语，我们听得云里雾里。想起为了完成homework，"全家人"动用了各种翻译设备才搞定，不由得佩服两个孩子能坚持在这样全英文的环境中学习的毅力。

细心的班主任Mr.Neutratur可能也感受到了我们可怜的英语单词量实在无法应对听课与作业，一大早便给了我一堆英汉字典，让我们遇到看不懂的内容就

Mr. Neutratur送给我们的字典

查字典。对我们来说，这无疑是雪中送炭，至少两个娃可以通过查字典看懂作业了，即使我不在他们身边，也不至于两眼一抹黑（其实我的英语水平可能比他们还差，无非随身携带的翻译设备比他们的高级一点）。今天的科学课继续学习生态系统。看了黑板上老师的字及老师的动作，我们终于明白了是合作做一个生态箱，回家的作业是选一个animal，描述它需要的生态环境并画下来。我用仅有的英语词汇和班主任交流了有关家庭作业的情况。

被美术老师表扬啦！

总算是迈出了英语交流的第一步（虽然昨天也试着和美国孩子进行了简单交流，但像这样和老师沟通学习上的事还是第一次），也给自己赞一个！

美术课孩子们是照着镜子画自己的嘴巴。美术老师走到聪聪边上，拿着他的作品开始分析。看得出老师很欣赏聪聪用二次对折的方法来确定嘴巴的位置，并建议其他孩子可以向他学习。虽然语言不通，但是肢体语言也可以传递信息，让我们体会到了美术老师对聪聪的赞赏。

在校一天，估计两个娃和我一样，能听懂的话少得可怜，看着其他孩子哈哈大笑，我们只能大眼瞪小眼。但看着他们能仔细聆听同学的话再分析出该干什么，根据其他同学的动作来确定自己下一步的行动，我真为他们感到高兴。我不禁感慨"天长"的孩子真是好样的！

三天的点滴变化

都说孩子的可塑性是最强的，这句话一点都没有错。虽然到美国才短短的三天，我却看到了孩子们身上的许多变化。

变化一：从乱糟糟到很整齐

到达印第安纳学生中心的那天，已是凌晨0点30分左右。我让孩子们找出自己的洗漱用品，准备好早晨起床需要的换洗衣物便洗洗睡了。第二天一早，我走进他们的房间，只见箱子大开，东西散了一地。于是，我开始让孩子们把需要用的日常用品放在橱子里，将其余的箱子归位。接下来便是整理床铺了。参加过军训的张天尧明显更能干，不一会儿便将床铺整理得像睡前那样整整齐齐。小一岁的张本聪显然已经忘了那几张被单是怎么铺的，怎么弄都不成功。天天马上开始主动帮忙，像哥哥一样。在兄弟俩的合作下，他们终于把房间整理完毕了。

第三天早上七点左右，隔壁房间便窸窸窣窣有了声音。七点半左右，"笃笃笃"，有人来敲门了。打开门一看，两个娃已洗漱完毕，穿戴整齐。再一看他们的房间，整理得十分干净，床铺铺得十分平整。聪聪自豪地告诉我，今天是他自己完成的。我心中暗暗为兄弟俩喝彩。短短一天，他们便已经学会了如何整理房间，必须赞一个！

兄弟俩在整理床铺

瞧瞧我们的床铺，整齐吧！

变化二：从吃完就走到主动整理

在国内，孩子们基本上过的是衣来伸手、饭来张口的日子，所以第一天吃完早饭，兄弟俩一甩手就走了。学生中心的徐老师告诉孩子们，吃完饭要把自己的碗筷收拾好，放进厨房的洗碗橱里，并且要把自己的座位整理干净。孩子们能做好这件事吗？我充满期待。

到午饭时间了，兄弟俩吃得很欢，看来饭菜很合胃口。看他们吃完了，我正要提醒他们收拾碗筷，只见两人都很自觉地捧起碗筷进了厨房。第三天早上吃的是牛奶面包，吃完早餐后，天天还细心地把洒在桌面上的面包屑收进盘子，整理干净。

看来，只要提出要求，只要给孩子们机会，他们是能做好每件事的。对于这一点，我深信不疑。

变化三：从大声说话到安静等待

还记得到达印第安纳的当天，是美中国际教育交流协会负责人Jessica去接我们的。去学生中心的一路上，兴奋的两个娃你一句我一句说个不停。Jessica严肃地告诉他们，作为学生，在车上说话是不礼貌的。如果在校车上大声喧哗，会影响司机开车，这是很危险的一件事，通常有人会写纸条提醒说话者。所以，从现在开始，就要养成良好的习惯——不在车上说话。想起在国内，我最怕的就是和孩子们一起坐车，车上的说话声都可以把我们"湮没"，哪怕再怎么提醒、教育都无济于事。这两个娃能把这么多年养成的习惯改掉吗？我有点担心。

第二天去买校服和学习用品，孩子们略有收敛，但仍不时说上那么几句。"你们忘了昨天Jessica老师说的话了吗？"两个娃顿时不作声了。习惯的养成需要过程，慢慢来，我告诉自己。

第三天，家里来了小客人——徐老师的外甥女（我们称她为妹妹）和Jessica的女儿妞妞。大家一起玩得很开心，你一句英文，我一句中文，不一会儿就打成了一片。下午，大家一起去参观儿童博物馆。回来的路上，四个小鬼都兴奋得很，你一言我一语，完全忘记了车上不能说话这件事。回到家，Jessica让我和徐老师先下车，却把小家伙们留在了车里。估计要教育了，我窃喜。果然，两个娃下车后一声不吭。睡前我问他们："是不是被批评了？"他们老实地告知："是的，这是最后一次提醒，再不改要被罚了。"还是Jessica厉害！我不禁佩服。

第四天，我带孩子们去艺术馆参观并吃美国的自助晚餐，和前一天比，又多了两个"刁呱呱"的小男生。去的路上，只听两个小家伙叽叽喳喳说个不停，可喜的是，天天和聪聪一言不发。在这样的环境中能坚持不说话，真佩服他们！

　　我们经常会说孩子这里没做好，那里没做好，也许是因为我们没有坚持提出同样的要求，以为孩子做不到就让步了，不再强求。其实，良好习惯的养成就在于不断坚持。只要能不断提醒孩子做事的规则，以同样的要求去对待他们，孩子们一定会养成良好的习惯，习惯终能成自然。

欢迎party

　　孩子们上学第一周的周五晚上，是学生中心开party的日子，通常这天会邀请学校校长、老师和寄宿家庭来中心做客。为了这一天，孩子们和老师都早早开始做准备。前一晚，Lois为两个孩子设计了英语的欢迎词，教孩子们如何用英语介绍我们的家。两个娃很认真地进行了练习，信心满满地等着第二天的到来。

　　到了周五，中心的老师们开始了忙碌的一天，准备了许多中国美食，包饺子，炸春卷，炒年糕……美中国际教育交流协会的负责人Jessica还亲自下厨做了许多拿手菜。听说要来30多位客人，我有点惊讶。在国内，那就是大大的三桌。要准备这样的三桌美食，是多大的工作量啊！不过美式party并没有那么复杂。晚餐是自助餐，除了炒饭、炒面、炒年糕、煎饺这些中国主食与毛豆炒虾仁、红烧鸡翅、青椒牛肉等菜肴，还有比萨、蛋糕，真可谓中西合璧。

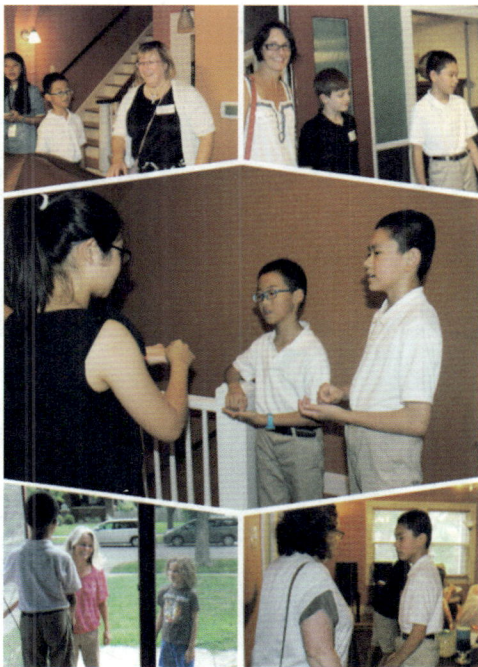

Welcome to our home

在美国印州的日子

　　孩子们放学回到家，也加入了准备的行列，并且继续复习欢迎用语。中心的老师们扮演来客，在孩子们的"引领"下参观了我们的家，并不时纠正一下孩子们的用语。终于，第一位客人——中文老师来了。聪聪欢呼雀跃："可以讲中文啦！""你好，欢迎来我们家！"聪聪开心地迎接教中文的朱老师。谁料中文老师连连摇头，要求聪聪讲"English"。无奈的聪聪只能"Welcome to our school!""School?"聪聪不好意思地一挠头："Welcome to our home!""Very good!"接待就在这样愉快的气氛中开场了。

　　天尧同学接待的第一家是寄宿家庭，一脸紧张的他领着寄宿家庭成员参观，并顺利地介绍完我们的家。"Help yourself!"终于完成了！"感觉如何？"我偷偷问他。"出了一身冷汗！"他长呼一口气。看他紧张的样子，我笑了："任何事都是第一次最难，第二家你就不会这么紧张了。"

和小伙伴在一起！

　　果然，后面的接待过程，两个娃的表现越来越好，越来越自然。小本聪每到餐厅就会睁大眼睛盯着我，我知道，他一准儿又是把"dining room"给忘了，但他仍然会大方地继续往下介绍，终于在接待最后一家时他顺利地说出了"dining room"；平时总不愿意开口用英语说话的天尧也越来越大方，遇到听不懂的，发现向我求助无效，便开始自己猜测，回答一下"Yes""No""OK"。我们经常说在活动中成长，确实如此，就像张天尧在周记中描述的那样：一开始，我十分紧张，害怕背错台词，被外国人笑话。接待好第一家后，我出了一身的冷汗。但在老师的鼓励下我慢慢勇敢了起来。"Welcome to our home..."我的介绍一次比一次流利。当接待好全部人时，我不禁松了一口气，用手擦干了额头上的汗水，心想：我的英语水平又好了许多，看来大胆开口说英语对提高英语水平很有帮助！

在party上，Lois还为孩子们设计了抢答游戏，问了一些和中国有关的问题，有关于熊猫的，有关于兵马俑的……可惜我们的两个娃听不懂问题，所以一次也没有回答。不过美国孩子们和美国老师、家长对这些问题非常感兴趣，也很喜欢我们为他们准备的中国特色小礼物。中美友谊就在这样和谐的氛围中建立起来了。

第一次参加美式party，我看到了许多的不同：

一是不在乎食物有多么的美味与丰富，在乎的是这种自由、民主、休闲的交往氛围。

回想起每年过年家口请客，父亲总会一次次地修改菜单，总希望把最好的、最美味的东西拿出来给大家品尝，有对客人的尊重，可能也希望不至于让别人小瞧自己；在很多的宴会上，会有许多高档的海鲜或山珍……而我们的欢迎party，准备的只是一些最家常的菜，菜的品种并不像国内那么丰富，只有小菜、水果、饮料、主食和甜点。同时，没有固定的就餐区，有拿着食物站着边吃边交谈的，有几个人围坐在一起就餐的，也有直接就在厨房里边吃边交谈的。随处都是吃饭的场所，随处都可以进行沟通，反而轻松、和谐、自由。

二是不浪费食物，吃多少拿多少。

记得来美国前带着儿子去吃自助火锅，看到一对母女面前堆了满满的食物，尤其是那些价格贵一些的虾、蟹、鱼、牛羊肉等，更是一盘又一盘，怎么看都不像两人能吃完的量。这样的现象在国内的自助餐桌上随处可见。每次宴会过后，也总是会有许多动都没有动过的菜肴被倒入垃圾桶。而在学生中心的欢迎party上，我们可以看到不管是小朋友还是大人，每位客人每次都拿得不多，喜欢的吃完再拿一些，没有任何浪费。Party结束后，看到有多余的食物，如果是自己喜欢的，客人还会主动要求打包带走。这是对主人的尊重，也是对食物的尊重。

　　小小的一个party，能看出一些中美的文化差异。我并不是觉得外国的月亮特别圆，只是看到两种文化的差异，希望能取长补短，让我们的教育传递更多的正能量。

游玩儿童博物馆

来到印第安纳州，不能不来参观全美最大的儿童博物馆——印第安纳波利斯儿童博物馆。1924年，热心于印第安纳波利斯事务的John N. Carey夫人访问了Brooklyn的儿童博物馆，回到印第安纳波利斯之后她就下定决心要为孩子们建立属于他们自己的博物馆。她的热心也感染了另外三位关心本市事务的女士，从孩子们捐赠的物品开始，1925年，儿童博物馆建立了。它至今已经成为世界最大的儿童博物馆。这次我有幸带着孩子们前往参观。

入口处，我们发现工作人员年龄都偏大，还有残疾人。同行的美中国际教育交流协会工作人员介绍，这些工作人员都是居住在本社区的居民。在美国的大街上和很多地方，都能看到残疾人，并不是因为美国的残疾人特别多，而是美国的残疾人都不会因为自卑而足不出户。他们会参与社区的一些活动，会在社区的一些场所工作，自食其力，充分发挥自己的价值。看着入口处负责收取门票的工作人员，估计已有50多岁，双腿已截肢到大腿处，但她仍然满脸笑容地迎接每一位来客。我想，这就是我们常说的笑对人生吧！

近年来印第安纳州和中国的经贸、文化来往越发紧密，印第安纳州还和浙江省结为姊妹州省。儿童博物馆更是把今年定位成"中国年"，并在5月份推出了有关中国的两个展览：一个是"带我去中国"展，另外一个是"兵马俑"展。其中"兵马俑"展还是今年在美国展出的唯一相关展览，所以场馆里处处可见中国元素，屋顶挂满了大红灯笼，过道是中国的牌坊。兵马俑馆里人头攒动，可见中国文化在这里极受欢迎。兵马俑馆里除了有介绍秦始皇的影片，有兵马俑的展示，还有很多的体验活动——捏兵马俑，搭建兵马俑，做兵马俑面具。孩子们通过这些活动，对古代中国军人的装备有了更多的了解。

儿童博物馆里还有很多其他的馆，如恐龙馆、科技馆，等等。与国内一样，现在的博物馆越来越重视体验。恐龙馆里，工作人员捧着恐龙的腿骨，热情地向人们介绍它位于恐龙身体的哪一部分，还让孩子们摸一摸腿骨，可以把它的腿骨和自己的身高比一比，感受恐龙的庞大；科技馆中到处是体验游戏，有挖煤的，有攀岩的，有漂流的，还有模仿大坝放水的，孩子们玩得不亦乐乎。

来之前就听说过一句话：美国，孩子的乐园。短短两天，我真切地感受到了这一点。公园中大型游玩器材的配备，博物馆中体验活动的设置，让孩子们有了施展自己才能的空间。看着晚饭后在公园中爬上爬下的、滑滑梯的、踢足球的、玩橄榄球的各种肤色的孩子，我真替他们感到高兴。如此无忧无虑，真好！

孩子们自己捏的兵马俑像

儿童博物馆里丰富的体验活动

参观航空展

航空展，我们来啦！

　　双休日是孩子们体验生活、开阔眼界的日子。每到双休日，美中国际教育交流协会都会安排孩子们外出，前往各个博物馆与活动中心，体验美国孩子的课外活动，这周也不例外。

　　周六一早，我们就前往郊区的一个私家飞机场参观航空展。走进场馆，左手边便是休息区，为客人们准备了舒适的沙发，还免费提供咖啡、柠檬水。航空展里除了各种私家飞机，还展览了许多的军队与警察用车，每辆车边上都有人站着为大家服务，邀请大家上车体验。逛了一天，几个小镜头值得记录。

小罗姐姐，"我可以上这辆车吗"用英语该怎么说？

　　对男孩子来说，汽车和飞机当然是他们的最爱，今天居然还能坐进驾驶舱当一次飞行员、登上消防车摸一摸设备，无疑让两个娃兴奋不已。站在汽车和飞机边上的警察和主人也会热情地邀请他们上车坐一坐、看一看，体验一下消防员灭火时水管往后的冲劲。先进的设备、充分的体验活动让孩子们直呼过瘾。

下午，我们来到场馆的另一边，这里都是一些私人的展品，还有60多年前的飞机与吉普车。尤其是那辆吉普车，上面还架着枪，马上吸引了孩子们的眼球。小本聪冲在第一个，东摸摸，西看看，很想坐上驾驶座潇洒一回。可是想起这片区域的私人飞机、汽车都不允许大家乘坐，又有点犹豫。

"吴老师，我可以上去吗？"小本聪按捺不住，抬头看我。"I don't know.你可以问一下站在边上的叔叔呀！"我指了指车的主人。小本聪挠了挠头，犹豫了。我知道，他是觉得自己无法用英语去沟通。他会怎么办？放弃吗？我拭目以待。

只见他跑到了美中国际教育交流协会的同行人员Lois身边，问："小罗姐姐，'我可以上去吗'用英语该怎么说？"在Lois的指导下，聪聪大方地和车的主人用英语进行了沟通，然后跑来告诉我："叔叔说不能上去。但是可以在边上拍照。"我笑了，当场就表扬了他。

我们曾经很多次地问："孩子们学习的动力是什么？"在学校里认真学，可能是为了得到老师和家长的表扬，得到同学的赞赏；去上课外班，可能是出于提高成绩的无奈。而今天，小本聪主动问，主动学，积极地去用，是不是也在告诉我们：有需求就有学习的动力。如果说前面提到的也是需求，那么那些需求都是外在的，并不是发自孩子的内心。而今天，小本聪的表现可以说是基于自己内在的需求地主动学习，这也正是我们平时教学所追求的。

曾看到过这样一段话：学生的学习价值观是指学生对学习目的、意义、作用的认识，它是激发学生学习动机的内驱力，认知内驱力就是其中的一种，是要求了解和理解的需要，要求掌握知识的需要，以及系统地弄清问题并解决问题的需要。如何激发这种内驱力？今天发生的这件小事也许就在告诉我们：从孩子们的兴趣点出发，在一定的情境中让孩子们产生学习的需求，让新知识的学习成为解决孩子们有兴趣的问题的必要过程。这样的过程，也许就是激发孩子内在学习需求的过程。

他们是谁？

与国内一样，在这次航空展上，也有一些单位来摆摊，有卖美食的，有介绍自己公司的，也有搞募捐的。随着音乐缓缓响起，一对男女开始翩翩起舞。看他们的舞步，并不那么熟练。他们是谁？

同行的徐老师告诉我，他们其实是残疾人。在美国，很多时候

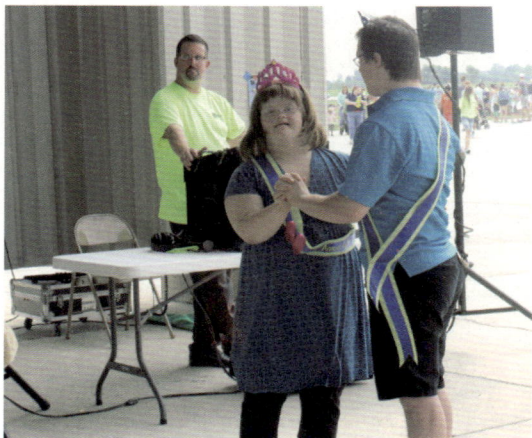

翩翩起舞的残疾人

残疾人都会做这样的志愿者，参加一些活动。

想起在美国的这些日子，虽不长，却看到许多与残疾人有关的情境。在儿童博物馆，一位双腿被截肢的中年妇女在入口处满脸笑容地迎接我们，告知我们入馆的相关事宜；在公交车站，经常可以

看见残疾人坐着轮椅等待公交车的到来，而公交车也会通过升降车身，方便轮椅上下；在超市，有专门为有需要的人准备的电动购物车；在学校，有专门为残疾人使用轮椅上下楼梯提供的设备……

残疾人使用的上下楼梯设备

我们经常说要看到学生的差异，考虑不同孩子的需求。美国对残疾人的关注，是否也可以说是尊重差异的一种体现？考虑到不同人的需求，为大家提供尽可能多的帮助，让每一个人都建立起自信，体会到自己的价值，成为群体中快乐的一员，这也应是我们的教育所追求的。

一个个小镜头，折射出的也许就是一个个理念。"多看，多思"，我对自己说。

为什么10的0次方等于1

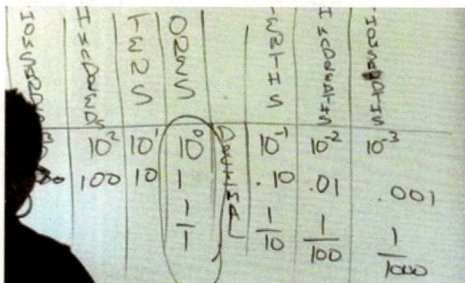

数位顺序表

六年级的数学课上，数学老师Mrs. Williams正带着孩子们学习数位顺序表。美国的数位顺序表的表达方式与中国略有不同，不仅有数位和计数单位，还将10的几次方融合其中，并沟通分数和小数计数单位之间的联系。当讲到个位时，老师突然提出一个问题："为什么10的0次方等于1？"并把它布置为当天的作业，让孩子们带回家思考。

"为什么10的0次方等于1？"说实话，作为一个数学老师，我也没有想过这个问题，似乎这已是约定俗成的，我们只要让孩子知道任何数（0除外）的0次方都等于1就可以了，需要了解为什么吗？

回家后，我也开始思考这个问题，讲清这个问题似乎并不是一件简单的事。查了万能的百度，许多人认为这和"1+1=2"一样，是不需要问的。真的不需要问吗？从小学六年级的角度，我们可以如何解释？

带着些许期待，我和孩子们一起走进了第二天的数学课堂。在课的后半段，老师开始和孩子们讨论这个问题。由于听不懂英文，我们无法了解孩子们的想法，但可以看出，孩子们回家后已经对这个问题有所思考，似乎还提到了任何数（0除外）的0次方都等于1的见解。在孩子们各抒己见的基础上，老师开始了讲解：

$$10^1=10，\ 10^{-1}=\frac{1}{10}，\ 10^0=10^{1-1}=\frac{10^1}{10^1}=1$$

$$\frac{2}{2}=\frac{2^1}{2^1}=1，\ 2^1\div 2^1=2^0=1$$

$$\frac{2^3}{2^2}=\frac{2\times2\times2}{2\times2}=2，\ 2^3\div2^2=2^1=2$$

原来，老师是用指数和幂的知识来讲解这个问题的，怪不得在数位顺序表中出现了10的几次方。

指数和幂在匡内属于初中阶段的学习内容。暂且不论这样的解释是否适合匡内的六年级孩子，但这一项作业的布置体现的是一个教育理念：数学知识的学习不仅仅要知道结果，还要追根溯源。

记得中国《数学课程标准》2011年版在描述课程基本理念时有这样一句话："课程内容不仅包括数学的结果，也包括数学结果的形成过程和蕴含的思想方法。"我们是否可以理解为，数学知识的学习，不仅要知其然，还要知其所以然。老师布置作业也一样，不仅仅是知识技能的巩固提升，还需要留给学生思考的空间，给予学生探索、证明知识由来的机会。

像"为什么10的0次方等于1"这样带有思考性的问题，美国的课堂里还有很多。如科学课上，老师会让孩子自己设计一个生态系统，并思考"What abiotic or biotic factor is important in your ecosystem drawing? why?""How would the ecosystem be affected without it?"设计课上，老师会请学生根据身边的问题或自己遇到的困难提出问题、进行调查，设计能解决问题的方案并说明设计重点；美术课上，老师会让孩子用自己的语言描述对美术的理解……这些问题的设计，透露的是同样的信息：发现问题、提出问题、分析问题、解决问题是重要的能力，除了课堂，作业也是培养这些能力的很好的载体，创造能力、分析推理能力、逻辑思维等能力都会在完成这些作业的过程中得到培养。

都说作业的设计是一门学问，确实如此。感谢CFI#84学校的老师让我看到了如此有价值的作业设计，值得我学习。

从演习看规则

每天孩子们进入课堂的第一件事便是抄写黑板上的作业与须知，今天也不例外，只是感觉今天给的时间特别长。我正奇怪为什么老师还不上课，突然听到了警报声，教室里的警报灯也随之开始闪动。孩子们训练有素，马上起立，推进凳子，有序地走出教室。走廊上静悄悄地，没有听到喧哗声，也没有任何同学在交流，只见一个班接着一个班有序地离场。老师们站在楼梯口，指挥着孩子们快速离开。

由于CFI#84学校很小，不像国内的学校一般都有大操场，所以孩子们离开教学楼后快速在学校周边的道路上按班级排好了队。班主任举着一块牌子站在队伍前面，前来检查的老师仔细清点着班级人数。

不一会儿，警报解除，老师们又带着孩子们有序地回到教学楼，随后各个班又开始正常上课，一切就似没有发生过一样。

像这样的演习国内也会有，尤其是汶川地震后，我们学校每个学期都会安排类似的地震、火灾等演习。也许是因为我们学校的学生数量比较多，每到这个时候，孩子们总是会很兴奋地从楼梯上跑下来，不时交谈几句；也会有一些孩子认为反正是演习，便慢慢离开教室。而在CFI#84学校，我看到的是紧张却又不混乱的场面，十分有序。

想起在来美国之前，第一期游学项目的陈甜老师就曾经告诉过我们，美国人的规则意识很强。例如，坐校车就会有一大张纸的须知，告诉孩子和家长在校车上不能大声讲话，以免影响司机开车；不能站立；不能离开座位跑来跑去……在学校，每个教室的墙上也会贴有类似班规的条约，例如：你怎样对待人，别人就怎样对待你；说话做事保持安静；听从指挥；举手回答问题；等等。有的教室的一面墙上还贴着认真听讲的五条规矩：眼睛注视讲话者；闭上嘴巴；用耳朵倾听；坐端正；手和脚不乱动。这些要求我们可能也在提，但是是否深入孩子们的心里？当他们没有做到的时候老师怎么办？可能只能是苦口婆心地教育再教育，但往往毫无起色。而在CFI#84学校，提出的要求必须做到。例如，在走廊上走路是不能发出声音的，如果有声音，那就会被要求一遍一遍重新走；如果有哪项要求你没有做到，老师会写提醒单或发邮件告知家长，还会请学生在教室门口或校长室进行反省；如果多次教育仍不改正，还要请家长带学生回家，甚至可以停课一周……怪不得走在学校的走廊上，我会分不清是上课还是下课，因为走廊上总是安安静静的，没有学生奔跑，没有学生喧哗，连初中的孩子下课拿取学习用品也是轻轻的，不会影响到其他班学生上课。从这些良好的习惯后面，我们看到的是老师的严格要求，是老师不厌其烦地一次次的训练……孩子的可塑性是很强的，如果学校对学生的行为有一些必须做到的要求并加以训练，如果每个班都能对孩子的行为规范有细致可操作的要求并长期坚持，相信哪怕是1000多个学生的学校，也能像CFI#84学校一样，井然有序。

体验美国课堂

（一）

多看看不同的美国学校的课堂，多方位了解美国的数学教学，也是我此行的目的。因此，美中国际教育交流协会特意安排我去了Westlane Middle School——一所初中，听一些初中的数学课。

学校的中文老师Mrs.杨早就已经等候着我了。杨老师是台湾人，非常热情，早就给我安排好了在校两天的行程，除了听六、七、八三个年级的数学课，还需要在中文课上教孩子们学数学。虽然Jessica早和我说过要在这所学校上课的事，但我一直以为是第二天，所以连学习材料都还没准备，电脑也没带，无法用课件，怎么办？看看离上课时间还有半小时，来得及准备吗？我很担心。热心的杨老师马上帮我从邮箱里下载并打印了学习材料，让我在接下来的时间里边听她的中文课，看一看七年级孩子们的学习状态，边准备后面要上的课。Westlane Middle School不同于CFI#84学校，黑人孩子比较多，课堂上孩子们也更活跃。看着他们自由地在座位上提出问题，我有点担心。像我这样，一个语言不通的老师能驾驭得了这些活跃的高年级学生吗？

到我上课的时间了，我有点忐忑地走上了讲台。孩子们很热情，马上用中文和我说"你好！"还问我"你叫什么名字？"我故意把胸口的姓名牌让孩子们看一眼就遮住，让他们猜我叫什么，交流就在这样轻松的氛围中开始了。用中英文穿插介绍完自己，我就开始了当天的数学游戏课。游戏课由一个普通的正方形

和美国学生一起拼五连方

引入，在知道它的中文名是"正方形"的基础上，认识两个正方形并将之拼成二连方，将三个正方形拼成三连方，我还让孩子们猜如果要拼成一个四连方，需要几个正方形？能拼出哪些不同的四连方？孩子们马上开始了思考，还把自己的拼法画了下来。在观察不同拼法的基础上，我用动作引导孩子试着有序地找出所有方法，并让他们试着拼一拼，体会有序思维的价值。

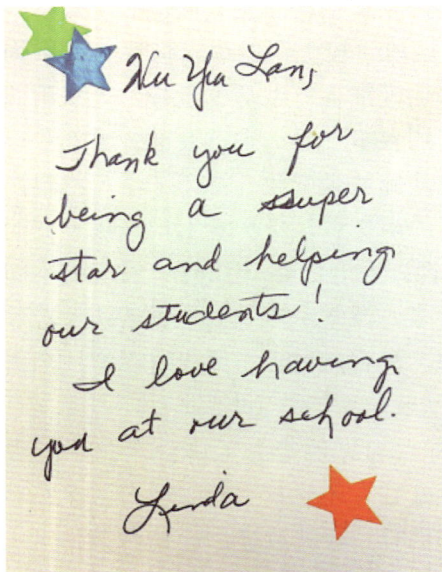

Wu Yu Lang

Thank you for being a ssuper star and helping our students!

I love having you at our school.

Linda

校长Linda的感谢卡

研究完四连方，孩子们就开始挑战五连方，有的孩子还两个一组进行比赛，你找一个，我找一个，看谁想得多想得快。找到的孩子还不时欢唱几句，手舞足蹈一下，开心得很。看着孩子们居然也在我那少得可怜的英语的指导下，中英文混杂着听懂了活动要求并开心地进行了尝试，我忐忑的心终于放了下来。

后面一个班是七年级的孩子，就如杨老师说的那样，他们很好地体现了美国孩子的特点——热情、活泼。他们一看到我就开始向杨老师打听我和她的关系，趁着杨老师离开教室的几分钟，又开始和我聊杰克逊，还问我知不知道詹姆斯·邦德。不过与前一个班一样，当我开始给他们上课时，他们瞬间就安静了下来，很好地探索了四连方与五连方。也许这些都是因为对我这个中国来的老师充满了好奇吧。

第一次给美国孩子上课，虽语言不通，一些设计意图还无法很好地体现，但看到孩子们能很高兴地参与学习过程，我甚是开心。中途，Westlane Middle School的校长Linda还坐在教室里听了一会儿我的课，并给我留了一张感谢卡，感谢我能帮助他们的孩子，希望我能再来他们学校给孩子们上课。

美国孩子们，合作愉快！

<h2 style="text-align:center">（二）</h2>

一大早，见到从Jessica家过来的徐老师。原来她听说我昨天的课上得很成功，今天希望能和我一起去学校，听我上课。

到了学校，杨老师看到我又告诉我一个好消息。她说昨晚的家长会上，她把我给孩子们上课的照片给家长看了，家长们都很感兴趣，觉得很好。在杨老师的

和Linda校长的合影

陪同下我去给Linda校长送感谢卡，Linda校长热情地拥抱了我，并邀请我再来他们学校。事后，杨老师告诉我，校长其实还想让我在他们学校上课，哪个年级哪个班随我挑。"啊呀，我还以为校长是邀请我再来，所以就说OK了！""那是前半句，后半句是让你来带班。"杨老师笑了。看来，真不能不懂装懂啊！

在美国印州的日子

今天还有两个班需要我上数学游戏课。据杨老师介绍，今天的班级人数少，而且特别听话。果然，八年级是两个孩子一个班，一看到我在黑板上写中文，便马上打开笔记本开始记录。等到拼四连方，又问我这样的游戏有什么用，真是会学习的孩子。看着两个孩子很会思考，我就改变了认识四连方以后的活动，让他们把四连方放入九宫格，看看能找到多少种不同的方法。看着他俩的思考慢慢从无序到有序，逐渐深入，不由地在心里为他们点赞。让他们体会到有序思考的价值，能用这样的思维方式来思考、解决问题，正是我设计这样的活动的原因。感谢孩子们，能配合我通过动作和简单的语言进行交流，理解如何操作，并感悟数学游戏中的思想方法。

事后遇到Jessica，说我在Westlane上的数学游戏课，无论是学校还是学生和家长，反响都很好，都希望我能再去给孩子们上课。虽然我总觉得由于语言的障碍，很多理念无法体现，但在这样的情况下能得到大家的肯定，我十分开心，是否可以说成功跨出了数学国际交流的第一步。如果再有这样的机会，我会做更充分的准备，争取能用英语更好地进行表达。

和Westlane的学生在一起

家长会背后的思考

今天是学期初开家长会的日子。早早地吃完早饭，我和Lois便驱车赶往学校。

说实话，对我来说，要听懂老师在家长会上说些什么是不可能完成的任务，但对于美国家长会的形式和家长会的内容，我十分感兴趣。听不懂总能看懂一些吧，我对自己说。

刚走进学校大门，就看到校长笑容满面地在校门口迎接前来参加家长会的家长和孩子。这一幕让我想起了我们天长小学的楼校长，也是一样的平易近人，也会热情地欢迎大家的到来。由于CFI#84学校学生人数并不多，所以全校家长和老师齐聚学校的大礼堂，在校长的主持下开始了家长会。校长先介绍了学校的新老师，接着由家委会介绍本月学校要进行的捐款活动，再由校长介绍本学期的一些活动安排，如周三、周五早上8:15-8:50有免费早锻炼，每天中午学校会提供免费午餐，欢迎孩子们参加。校长还介绍到本学期会组织孩子们去中国旅行，欢迎大家报名。想起"天长"的孩子在很多年前就开始在不同国家游学，真是幸福！最后十几个孩子还表演了小组唱。没有任何的音乐伴奏，只有音乐老师用一个木箱敲出的乐声，伴着简单的节奏，孩子们动听的歌声在礼堂响起，不同声部搭配的是如此协调，实在美妙，我不由地在心里为他们喝彩。

接下来是分班的家长会。由于美国家庭可能会有好几个孩子在同一个学校就读，考虑到家长的便捷，所以学校将初中部（6、7、8年级）的家长聚集在同一个教室。美国家长开家长会也比较随意，有坐在椅子上的，有站着的，也有席地而坐的，还有的家长不时地发出开心的笑声。各科老师都是先介绍自己，再接受家长的提问。有的老师还会下发本学期的教学大纲，以便家长们更好地了解本科目的学习要求。集中过后，便会看见不同科目的老师身边都围着好多家长，在进行"私聊"。作为代理家长，我也找数学老师了解了孩子们数学书的使用情况，找信息老师帮孩子们注册了网上用户，以便更及时地了解孩子们的在校情况。

整体来看，美国的家长会似乎与国内大同小异，先集中，校长讲话；再分班，各科老师与家长沟通。但细细品味，还是有许多的不同。

召开时间不同，意味着目标也不同

在国内，我们的家长会一般都会放在学期末召开，老师和家长们交流孩子们一学期的各方面表现。而在CFI#84学校，学校选择了在开学两周的时候召开家长会。我想，与其说是家长会，不如说是家长与各科老师的新学期见面会，认识老师，了解本学期孩子们的学习内容，明确本学期孩子们需达成的目标。从这次家长会来看，更多的是明确老师、家长和学生分别该怎么做，而不像学期结束时的家长会，只是让家长了解孩子怎么样。

说实话，在国内每次开家长会，都会有一个同样的感觉，家长们是听听激动，过后不动。期末的家长会，大家更关心的是自己的孩子考得怎么样，在家长会上的那一刹那，很多家长确实认为自己用在孩子身上的时间应该再多一些，需要对孩子有更多的关注。但当一个月、两个月的假期过后，大家又恢复原态，一切顺其自然。在学期初对孩子已有所了解后召开家长会，让大家明确新学期的目标，了解该怎样帮助孩子，无疑是一种很好的家校合作的策略，值得国内学校借鉴。

据了解，CFI#84学校在期中还会安排一次家长会。那次家长会是全校学生放假一天，家长和各科老师预约时间，在这一天到校和老师们进行沟通，全方位了解孩子们的在校表现。这一整天，老师会和所有孩子的家长一对一沟通。从学期初的明确目标到学期中的个别交流、了解改进方向，无论是家长还是老师，都对孩子的进一步发展有了整体的规划，这样的家校联合会更加有效。

各科老师全进班，意味着各科平等

想起每个学期的期末家长会，我都会和班主任商量着谁先进班，谁后进班。讲完语数，讲完班级活动，家长会也就差不多可以结束了。如果英语和科学老师有需要，也会进班讲那么几分钟。而在CFI#84学校，数学、科学、英语、人与社会、信息（设计课）、美术、音乐、体育等各科老师齐聚一堂，甚至连作为志愿者的辅导老师也会参加家长会。一个老师介绍完自己，边上的老师就会自动接上，没有主科副科之分，在大家眼中，各科是同等重要的。

在国内，我们可能认为，家长会这么一点点时间，如果各科老师都要进班，老师会忙不过来，同时，家长也会听不过来。但不知我们是否想过，体育老师也有一些要求希望家长们能了解，美术老师可能也有一些事希望家长们配合……在家长会上，抽出那么几分钟，让各科老师都和家长见个面，彼此了解，也许更利于孩子的全面发展。

小小的一次家长会，留给我们的是大启示。感谢CFI#84学校！

拜访姐妹学校

印第安纳州的Robey Elementary School（以下简称Robey小学）是天长小学的姐妹学校。来了印州，自然要去姐妹学校看看啦！

Robey小学是位于美国印第安纳维恩学区西北面的一所公立小学，建校已接近60周年，目前拥有幼儿园至小学六年级师生近900人，2011年与天长小学建立姐妹学校的关系。至2014年，我们两所学校已举办了四次师生互访活动，交流两国文化。这次能走进Robey小学，近距离看看姐妹学校的点点滴滴，我的内心还有点小激动。

走进学校，一张照片吸引了我。"哇，这不是我们学校吗？"知道室内不可以大叫大嚷的我仍然忍不住喊出了声。只见校长室前面的墙壁上张贴着2013年Robey小学师生

校长室门口的照片

访问天长小学的照片，张张笑脸在阳光的照耀下十分灿烂。看到照片，就犹如见了亲人，一阵激动。虽然Robey小学的校长已换，但Robey小学与天长小学的"姐妹亲情"仍在。

新任校长是 Mr.Markley，非常热情。他详细介绍了Robey小学的现状，还仔细询问了我在美国的研修情况，并带着我参观校园。也许因为Robey小学是以幼儿园学生和小学生

与校长合影（右一）

为主，校园布置与CEI#84学校有明显的不同。走廊上到处可见大块的充满童趣的板报，展示着孩子们的作品，诉说着一个个和知识有关的小故事。看着这些板报，不由地想起了天长小学教室门口的学生作品展示墙，虽然小了点，却有异曲同工之妙。

参观教室

有趣的板报

老师在个别辅导

走廊上的展示墙

在美国印州的日子

走进教室，似乎走进了一个个童话乐园。整个教室布满了各种漂亮的装饰画，充满童趣。教室中书包柜上的小布帘、教室一角的布娃娃，又增添了家的味道。听校长介绍，这些都是各个班的老师根据自己的喜好布置的。看来，在老师们心中，教室就是自己的另一个家。教室的布置中有着自己对教育、对学生浓浓的爱。相信孩子们在这样的教室里学习，一定会更轻松，更愉悦！

最吸引我眼球的还是教室黑板上挂着的"综合栏"，有结合日历的数字排列，有数字的多元表征，有结合当天天气情况即时生成的统计图……这样的一个综合栏，可以让孩子们感受数学在生活中的实际应用，将数学与日常生活紧紧联系在了一起，真是让我这个数学老师喜欢不已。

黑板上的"综合栏"

Robey小学的"反思处"

走到校长室门口，一条过道又引起了我的注意。这条过道由几个小隔间组成，每间小房间都只有一桌一椅。原来，这是一个小小的"惩罚之地"。如果孩子们犯了错，就坐在这里"面壁思过"。看来，中国的成语在这里也有了"用武之地"。

到印州后参观的学校已有三四所，我发现它们有一些共通点：

（一）环境即教育

也许是看惯了中国方方正正的教室，整整齐齐的桌椅，美国的教室布置总是能吸引我的眼球。随处可见的小沙发、小靠垫，看似随意摆放的毛绒娃娃，五彩盒子中装着的各种各样的学具，还有那每个教室必备的大地

与Robey小学的孩子们在一起

毯……这些，无不在告诉我们，这里，是孩子们的另一个家。在这里，我所看到的是一个个充满童趣、色彩斑斓、温馨美好的教育空间；在这里，孩子们所拥有的是一个个宽松、尊重个性的体验空间。

曾看到过这样一句话：环境是重要的教育资源，应通过环境的创设和利用，有效促进学生发展。确实，环境的布置并不是对建筑环境的简单装饰，它应与教育共同成长，存在于学校的每个角落，渗透在学生的日常生活中。美国学校的环境布置让我感受到学习是轻松的，是充满趣味的；知识是随处可见的，是可以自主发现的。我脑海中突然呈现出杜甫的诗句"润物细无声"……

（二）规矩成方圆

来美国之前，我也曾想象过美国的课堂可能是这样的：宽松、民主的氛围中大家席地而坐，自由发言……也曾担心过：孩子们会乱吗？如果孩子们不听指挥怎么办？……走进美国的课堂，才发现，我的担心都是多余的。课堂上，即使是席地而坐，孩子们依然得认真听讲，举手发言；教学楼里，分不出上课还是

下课，轻轻走、不叫嚷是常态；上厕所排队、走楼梯靠右边更是随处可见……

和老师的交谈中得知，其实美国的学生也要遵守各种"规则"。孩子们的教室里贴着班规，告知孩子们什么能做，什么不能做；犯错误了要到教室外反省，甚至爸爸妈妈陪着反省，也是常有的事；Robey小学还特意安排了几间小屋子，作为"反思处"（打听了一下，至今还未曾有孩子入座过）……

中国有句俗语："没有规矩不成方圆。"看来，在美国，也是如此。民主是一定规则内的民主，该遵守的仍然需要遵守。

有趣的四、五年级数学课

今天回到了CFI#84学校，开始进入其他班听课，我首先来到了四、五年级。在CFI#84学校，是两个年级的孩子组成一个班，有时还会让高年级的孩子教低年级的孩子学习。今天听课的班级中，班主任是一位黑人男老师，长得十分高大，衬衫领带，穿着十分正式。由于和两个娃的教室是同一层楼，所以其实平时我已多次看到这位老师，每次看到他都是十分正式的穿着。这样的一位老师，他的课堂会怎样？严谨？不苟言笑？我不禁猜测。

走进教室，正好是morning meeting时间，孩子们围坐在前面的地毯上，正在进行早间交流。看了黑板上的时间安排，没有休息时间，一节课连着一节课，似乎都是这位老师的任务。孩子们的桌面上放着一张数学练习纸，内容是表内乘除法的练习，并且是反面朝上。也许是因为成绩对每个孩子而言，是隐私，有的并不希望被别人知道，所以老师会在一早亲自把作业发到每个孩子的手中。想想自己虽然也有这样的意识，但仍然会让孩子们发试卷，在那样的发卷过程中，其实孩子们的成绩就不再是个人的秘密了。看来回去后发卷的方式得有所改变。

简短的morning meeting后，便开始了数学课。今天的课堂是从money引入，老师让孩子们读了$1.25、$12.5、$125，体会虽然数字相同，但由于小数点所在位置发生了变化，所以数字所在的数位发生了变化，代表的意义就不一样了。在此基础上，结合125.678，认识了各个数所在的数位与计数单位。美国的孩子有一个非常好的习惯——记笔记，马上把黑板上的计数单位记在了数学笔记本上。

原以为这节课是认读小数，没想到老师笔锋一转，又回到了整数的组成。老师在黑板上板书了7，引导孩子们用七个小正方形来表示。接着板书17，让孩子们思考怎样表示可以得出一个十，七个一。在此基础上，让孩子们尝试用这样的方法再表示出27。回想起Jessica曾告诉过我，美国的课堂教学就像造房子，每个点都会讲到一些，并不断重复出现，在重复的基础上再稍稍往前走一点，慢慢地一层一层往上铺。想到这里，我也就释然了。

接下去将近20分钟的时间，是孩子们的活动时间。活动内容很简单，每个组一副扑克牌，每个孩子从中抽出两张数字牌组成一个两位数，并在方格纸上用刚学的方法表示出这个两位数。中间老师也安排了一次反馈，表扬了孩子们作品中好的地方，如每一列下面写了数字，也建议大家可以写上这个两位数是由几十加几得到的，然后让孩子们继续活动，表示完一个数字可以表示第二个。坐在我边上的小姑娘用彩笔画得很漂亮，并不断地进行修正，到活动结束时，她的作品上不仅有图，还有数和式，可见她对两位数的组成已完全理解。像这样的作品每个孩子手上都有。

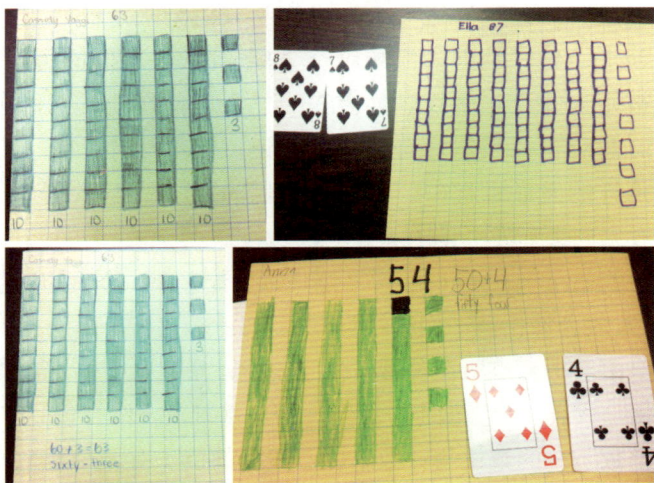

学生们的作品

也许因为前段时间听多了初中的课，看到的都是做练习、讲评，很少有如此充分的体验活动，所以我对这节课特别感兴趣。回想我们上两位数的认识课，可能就是用一幅图或几幅图让孩子看一看、说一说几十几里面有几个十和几个一，就认为孩子们都已经懂了，然后就开始各种练习。例如：38里面有（　　）个十和（　　）个一；8个十和7个一组成（　　）。而在美国老师的这节课上，居然会给孩子们留那么多的时间在画图中去理解位值制。在这个过程中，孩子们自然而然地对数的组成有了清晰的认识。相信等他们完成那些知识巩固的也已经水到渠成了。这可能也是我们再三提倡要让孩子们充分体验，积累活动经验的原因吧。

记得课前，我曾以为这位黑人老师会很严肃，没想到课堂上的他其实挺幽默，还会让孩子们用各种动作来评判对错，深得孩子们的喜爱。What an interestiy math class it is!

CFI#84学校的差异教育

  一直觉得CFI#84学校的老师很辛苦，高年级是走班，一个老师要上6、7、8三个年级的课。虽说是同一科目，但不同年级需要准备不同的学习材料，每天需上4至5节课。低年级像包班，一个老师要上自己班的不同的科目，例如既要上数学课，又要给孩子们上阅读课……似乎除了艺术与体育，其他课都由班主任包办了。

  今天要听的是Ms.Meager的班级的课，里面是三年级的孩子。

教室里的学具柜

我特别喜欢教室里的学具柜，柜子里有很多整理箱，每个整理箱是一种学具，供孩子们选择使用。对于我这个数学老师来说，无疑像见了宝贝，爱不释手，并立马拍成照片，发给我们学校数学组一年级的老师，希望为他们布置数学实验室提供一些参考。

  开始上课了，今天的学习内容是多位数的大小比较。老师拿出一张练习纸，让孩子们在数轴上找出505、535、560，比较它们的大小。接着又出示630、305和555，比较这三个数的大小。这题的比较过程需引导孩子分三个步骤进行：先把630和其他两个数进行比较：630＞305，630＞555，得到630是最大的；再把305和555进行比较，并分析为什么555＞305，把比较的结果用"＜"或

"＝"连接，强调"尖尖对小数"；最后得出三个数的大小。

其中的一个学习小组

原以为接下来的时间老师会安排孩子们完成练习，没想到老师将孩子们分成了人数不同的各个小组，开始了分项活动。有的组利用台秤给物体称重，巩固克与千克的相关知识；有的组在老师的带领下借

志愿者在个辅

助学具复习多位数的组成：理解53可以是5个十3个1，也可以是4个十13个1……；有的孩子自觉地两人组成一组，在地毯上用口算卡片练起了加减法和乘法的口算；还有的拿着刚刚下发的练习纸开始了独立作业。除了上课的数学老师，班里还有一名助教和一名作为志愿者的辅导老师，一起参与各个组的孩子的学习指导。看着教室里热闹却又有序的场面，我不由地暗自叫好。什么是"面对有差异的学生，实施有差异的教育"，如何进行"选择与交往"，在这样的课堂里都能找到答案。根据每个孩子的特点，结合每个孩子学习

上的弱项，利用和照顾学生的个体差异，设计适合各个学生的活动，满足个别学生的需要，帮助学生在原有基础上得到充分的发展，这不正是我们的差异教育所追寻的吗？

回想起前几天听的数学课，也不乏差异教育的体现。在5分钟的口算练习时间里，每个孩子拿到的口算练习会有所区别，加法不行练加法，加法过关练乘法；孩子们活动时，老师会在一旁仔细观察，记录每个孩子的表现，为他的后续学习设计更合理的方案……

也许我们会说，我们班级的学生数量太多，很难照顾到个体差异；也许我们会说，我们只有一个任教老师，怎么可能进行那么多组的个别辅导。是的，确实，这些都是摆在我们中国老师面前的困难。但是我想说，如果我们有了差异教育的理念，我们就会在学习前借助前测、访谈等手段了解孩子们的基础与需求；我们就会在课堂上为不同的孩子设计不同的学习方案；我们就会在课后为不同的孩子提供不同的练习资源……也许，所花的时间更多；也许，会增加很多"不必要"的麻烦，但那都是为了孩子们能有更好地发展。

差异教育，让我们一起努力！

家长接待日

似乎学期初的家长会还在眼前，却又迎来了学校的家长接待日。与学期初家长会不同，今天的家长接待日是全校学生放假，全体教师一对一地接待来访家长，接待时间从下午一点一直持续到晚上八点。

下午三点左右，我和Lois驱车来到学校。出乎意料的是，学校里十分安静，并没有人来人往的迹象。小学部的教室门口贴着来访预约表，每一个学生的家长都已预约好来访时间，教室门口鲜有人等候；由于初中学生是走班制，要交流的教师多，所以也就没有预约一说了。

走到初中部，只见楼梯口已张贴了欢迎的纸条，摆放了家长签到的桌子，每个教室门口还都有一些椅子，供来访家长等待时休息。张望了一下教室，每个教室都有老师在接待家长，有点像

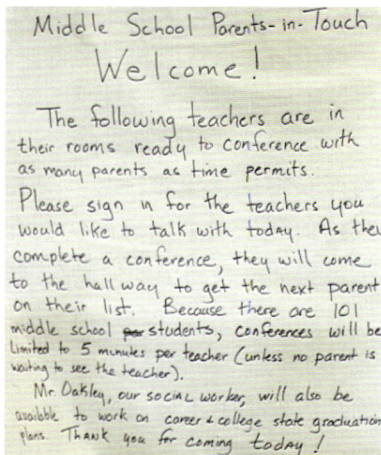

Middle School Parents-in-Touch
Welcome!

The following teachers are in their rooms ready to conference with as many parents as time permits.

Please sign in for the teachers you would like to talk with today. As they complete a conference, they will come to the hall way to get the next parent on their list. Because there are 101 middle school per students, conferences will be limited to 5 minutes per teacher (unless no parent is waiting to see the teacher).

Mr. Oakley, our social worker, will also be available to work on career & college state graduation plans. Thank you for coming today!

欢迎纸条

CFI 84 MYP Teachers
Mr. Neureiter – Science – Room 224
Ms. K – Language Arts – Room 221
Ms. Williams – Math + Algebra I – Room 220
Mrs. Fahlsing – Individuals + Societies – Room 213 (Social Studies)
Mrs. Ramey – Design – Computer LAB Upstairs
Mrs. Okel Johnson – Inclusion Support – Room 215
Mrs. Lynnette Johnson – Spanish – Room 205
Ms. Chu – Mandarin Chinese – Room 202
Ms. Brown – P.E – Gymnasium
Mrs. Bartalomeo – Music + Choir – Music Room
Mrs. Webb – Art – Art room → Lower Floor
Mrs. Prescott – Instrumental Music (till 5:30)

初中部的接待安排表

国内的"专家门诊"。一位家长接待完了，老师们便会到教室门口迎接下一位家长。粗粗一算，当天每位老师要接待100多位学生的家长，如果每位家长用时5分钟，中间不停歇，也需要大约9小时的时间，这一天下来，还真是辛苦。

正好科学老师有空，我们就和他先聊了起来。看得出科学老师对孩子们很宽容，考虑到孩子们语言交流上的障碍，平时也会帮他们把作业翻译成中文，对孩子们付出的努力也给予了肯定，表扬了孩子们能很好地和同学合作完成实验；有留学经历的社会课老师也给了孩子们很大的鼓励，她认为浸润式环境本身就是很好的"教材"，学习不仅仅是老师对学生讲，学生自己通过观察、探索、提问而获得的"第一经验"更加有益于学习能力的培养，而这些在我们的孩子身上也确确实实有所体现；设计课老师更是对孩子们赞赏有加，表扬了他们能在课堂上用英语向老师提问，寻求帮助，这对异国学生而言，是很了不起的事情……平时英语课老师经常向我"告状"，诉说孩子们在她课堂上的种种"不良行为"，前几天的期中评价中还有一堆问题，不知道现在好些了吗？怀着忐忑不安的心情，我和Lois踏进了英语教室。英语老师看来十分了解我的心情，一开口就说她对两个孩子的要求会严格一些，因为她觉得父母送孩子来美国，是抱着很大的期望的，是希望孩子能在美国有所收获的，所以她在课堂上会把两个孩子和美国孩子一样对待，希望他们能做好课堂上的每一件事。英语老师也表扬了孩子们的进步，前期用电脑在网上看小说、玩游戏的事也没有再发生。看着老师们对孩子的关爱与鼓励，我十分感动。能在异国他乡遇到如此善待孩子们的老师，真是他们的福气。

老师与家长面对面交流

经过一个多小时，我们与各科老师的交流也告一段落。在天长小学，也有这样的家长接待时间，有时期末家长会就会用这样的形式进行，平时也会有家长会客厅，让老师与家长进行个别的沟通。但与CFI#84学校相比较，我们还是有一些值得改进的地方。

一是尊重隐私，确保有一对一交流的空间。

在美国，老师们都会尊重每个孩子的隐私，有问题都会个别交流，很少会在课堂上批评某一个孩子，家长接待日也一样。老师们会邀请家长进入教室，关上门进行交流，而下一位家长则在教室门口等候。这样的情景，在国内的很多医院都能看到，那是为了保护病人的隐私。而在国内的学校，看到的往往是一堆家长围着一个老师，当老师当着其他家长的面诉说某一个孩子的问题时，也许会让那个孩子的家长无地自容。我们的家长会客厅也一样，更多的是与一群家长的沟通，缺少一对一的深入了解。如果每个学期都能安排一天，让每个家长都有机会坐下来和老师深入沟通孩子的进步与不足，相信对每个孩子会有更大的帮助。教学需要差异，家长会是否也可以有差异，从尊重每一个孩子与他们的家长，从照顾每一个家长的需求开始，真正做到为孩子、为家长服务。

二是"预约门诊"，使交流更高效。

每次家长会结束，教室里总会有一堆家长围着老师，问长问短，希望能多了解一些孩子的情况。这时，作为老师，往往不知道该先回答谁的，家长会的结束时间也是往后拖了又拖。看了CFI#84学校的家长接待日，我想，我们是否也可以借鉴"预约制"，如每月的家长会客厅可以分成一些零散的时间段，供家长们预约一一沟通，每位家长5分钟。虽然每个家长的时间并不长，但因为可以围绕自己的孩子，可以有更深入的了解，更利于家长对孩子进行针对性的教育。如果期末是自由式家长会（家长随意选时间来校和老师进行沟通），我们是否也可以事先进行"预约"，让双方都能有所准备，避免不必要的等候，提高交流的有效性。

和平就在我们身边

　　每周四，是学校举办活动的日子，不过今天有点不一样。校车一到校，接校车的老师并不是像以往那样在车门口与孩子们打招呼，而是上车和孩子们说了一长串话。可惜我的英语水平还不足以听懂，只是感觉早上学校好像有活动，他在提醒孩子们一些注意事项。

　　进了学校，发现孩子们不像以往那样背着书包进大礼堂，而是都先去教室放学习用品。正好迎面走来了中文老师，我赶紧去问个明白。原来，今天有关于peace的活动，还会有peace walk，全校师生需绕着学校步行一周。看来，刚才老师是上校车告知孩子们做好活动准备，放好学习用品，穿好外套，再去大礼堂集中。

　　来到大礼堂，已经有人在门口发宣传资料了。因为学校经常会有志愿者出现，所以大家也不足为奇。前面的展示区已经有孩子们抱着乐器入座，看来今天的活动还会有演出，看起来挺隆重的。低年级的孩子头戴五颜六色的画有和平图案的自制帽子坐在礼堂的中央，甚是漂亮；好多老师也穿上了印有和平标志的服装，与孩子们融为一体。看来，今天的活动无论对孩子还是对老师来说，都是很重要的。

　　活动在校长充满激情的讲话中开始了，学校艺术班的孩子美妙的歌声让全场陶醉。在孩子们乐器的伴奏下，全场师生和家长（每周四早上的集会，CFI#84学校是允许家长在边上观摩的）又一起唱起了一首歌"Blowing in the Wind"，旋律简单，朗朗上口。这时我才明白，原来一开始发的那张宣传资料，就是这首歌的歌词。这首歌是美国民歌史上最重要的作品之一，它希望世人能以和平而理性的态度来解决争端，不要再对世间的不幸视而不见、听而不闻，更不要再让无辜的人们继续丧生在战火之中。看到好多人不看歌词就能唱，便知这首歌在美国已深入人心。

Peace walk的时间到了。八年级的孩子手举和平宣传画，牵着grade K（相当于国内的学前班）小朋友的手，走在了队伍的最前面。初中部的孩子先用自己制作的和平石摆出一个和平标志，再紧跟其后。一圈走完，全校师生还在学校旁边的草地上，听从美术老师的指挥，站出了一个大大的和平标志。听说上一次是五个班的孩子参与，照片就挂在学校的墙上，成了学校

和平石摆出和平的标志

宣传图片的一部分。这次规模更大，不知道是不是有一天，也会在学校的宣传墙上出现，那样的话，我们这两个"天长"的孩子就成了"国际和平使者"了，这真是很有意义！我暗暗替他们高兴。

早上的活动历时一小时就结束了，简单却很有意义。回想起几周前，学校的墙上就开始张贴孩子们画的各种有关和平的画，和平鸽在蔚蓝的天空展翅飞翔，绿色的橄榄枝似乎在诉说着一个又一个人们为和平付出努力的故事……每一张画上，都写

美国学生制作的和平小报

了孩子们对和平的理解，虽然有些是那么的稚嫩。天天和聪聪也在美术课上亲手制作了和平石，表达了自己对和平的向往……今天全

校集中的活动时间虽然不长，但前期的相关教育却无处不在，真可谓润物细无声。

回想起学生中心的路边的草地上，经常可以看到"September 11, 2001, we never forget"（2001年9月11日，我们从来没有忘记）这样的牌子。看来9·11事件对美国人民

孩子们画的画

的影响是非常巨大的。其实和平，不管对哪个国家的人民来说，都是他们所期盼与向往的，这可能也是设立国际和平日的原因吧。CFI#84学校在9·11纪念日后的一周、国际和平日即将到来的日子举办这样的庆祝活动，有着其不可忽视的作用。

和平就在我们身边，和平就在我们心中！让我们一起放飞和平鸽，为实现身边的和平而奋斗！

和平纪念日活动时孩子们组成的和平标志

附：Blowing in the Wind 歌词

Blowing in the Wind

Peter, Paul & Mary

How many roads must a man walk down, Before they call him a man?

一个人要走过多少路，才能被称为男子汉？

How many seas must a white dove sail, Before she sleeps in the sand?

鸽子要飞越多少片海，才能在沙滩安歇？

How many times must the cannon balls fly, Before they're forever banned?

炮弹要飞多久，才能永远被禁止？

The answer, my friend, is blowing in the wind, The answer is blowing in the wind.

我的朋友，答案在风中飘荡，答案在风中飘荡。

How many years must a mountain exist, Before it is washed to the sea?

一座山要存在多少年，才会被冲入大海？

How many years can some people exist, Before they're allowed to be free?

人们要存在多少年，才能获得自由？

How many times can a man turn his head, And pretend that he just doesn't see?

人要回过多少次头，才能假装什么都没看见？

The answer, my friend, is blowing in the wind, The answer is blowing in the wind.

我的朋友,答案在风中飘荡，答案在风中飘荡。

How many times must a man look up, Before he can see the sky?

一个人要抬头多少次，才能看见蓝天？

How many ears must one man have, Before he can hear people cry?

一个人要有多少只耳朵，才能听到人们悲惨的哭声？

How many deaths will it take, Till he knows that too many people have died?

要牺牲多少人，才会知道死亡的人已经太多了？

The answer, my friend, is blowing in the wind, The answer is blowing in the wind.

我的朋友，答案在风中飘荡，答案在风中飘荡。

尊重孩子，从保护孩子的隐私做起

美国CFI#84学校

走进211教室，只见每个孩子的座位上都有一张反面朝上的练习纸，原来是已批改好的每个孩子的口算练习。孩子们坐下来后便开始订正，没有交头接耳，没有东张西望，更没有类似国内的"你几分"的询问。

科学教室里，老师正在发孩子们上周五的小练习。只见老师走到每个孩子的座位上，把练习递给他们，还不时表扬几句，称赞孩子们在进步。

数学教室里，数学老师把每个孩子叫到自己的身边，递给他们上周五的小测验，并对错题进行指导。

电脑教室中，Lois正和设计课老师交流两名中国孩子的学习情况。老师在成绩登记表上查询着孩子们的作业完成情况。Lois想探出脑袋去张望，却立即被设计课老师制止了，因为老师认为成绩记载册上有每个孩子的学习情况，这是他们的隐私，不能给其他人看……

中国的学校

教室里正在发放最近一次的测试卷，老师报着孩子的名字和分数，成绩好的表扬，考得不好的批评几句，有时还会说："×××，这次你又倒数第一！"

课间，一些孩子正在帮老师发这次的单元测试卷，一边发，一边大声地说着某个孩子的成绩。拿到试卷的孩子急着看边上的同学，不停地问："你几分？"有的甚至大叫："哇，×××这次才考了××分！"被点到名的孩子涨红了脸，无地自容。

课堂上，老师正在批评某一个孩子，并要全班同学以此为戒，不再犯相同的错误。

家长会结束后，老师正和一些家长进行沟通。老师拿着全班孩子的名册向家长反馈孩子们的情况，还不时地拿这个孩子与其他学生的学习成绩作比较；有的班的黑板上还贴着全班同学期末各科的考试成绩汇总表……

我相信中国学校中这样的现象，很多老师都做过，包括我自己。但是，看了美国学校老师的行为之后，我们是不是该有所反思？曾经看到过这样一句话："成功教育的秘密在于尊重学生。"在教育过程中，人是活动的主体，尊重教育首先就是尊重活动中的人，尊重人的需求，尊重人的精神世界，尊重人的个性。对学生来说，尊重是多方面的，包括对学生人格的尊重，对学生自尊心的尊重，对学生劳动的尊重，对学生生命权的尊重，对学生观点和看法的尊重，对学生隐私权的尊重，对学生差异性的尊重，对学生情感需要的尊重……我们对学生测试成绩的处理，我们对学生犯错后采取的教育方式，是不是可以看成是对学生自尊心和隐私权的不尊重？

苏霍姆林斯基认为："儿童的尊严是人类最敏感的角落，保护儿童的自尊心，就是保护儿童前进的潜在动力。"美国老师的行为，正是在保护儿童的尊严。让我们向美国老师学习，从保护孩子的隐私做起，保护儿童的自尊心，让"尊重学生"的理念真正落到实处。

孩子犯错了

一早到校，教中文的朱老师就严肃地和我说："什么时候有空？我们聊一下。"我一下子紧张了起来，难道我去Westlane Middle School的这几天，孩子们闯祸了？作为代理家长的我也体会了一把家长接到老师要求谈话时的那种复杂的心理——紧张，不安，又带有点恨铁不成钢的感觉。

带着忐忑不安，我和朱老师来到了学校楼梯边上的休息区，开始交流孩子们的问题。原来，作为学校里唯一懂中文的老师——朱老师这些天成了各科老师们的"倾诉"对象。因为英语水平实在太差，对于文科（社会、英语），两个娃既听不懂，又看不懂，老师们也很着急，不知道该如何帮助他们。英语课上，由于老师允许孩子们自己阅读课外书，两个娃就对着字典中好玩的单词说说笑笑，影响了其他孩子的学习和老师的正常教学。聪聪还在课上玩弄尺子，发出了不该有的噪音。这些现象都让英语老师苦恼不已。

说实话，我一直觉得两个娃还挺乖的，没想到问题已有这么严重。中文课上，征得中文老师的同意之后，我把孩子们叫了出来，问了英语课上的事。两个娃马上承认了自己的错误，但对于谁更主动说话却没有人肯承认。我知道，那是他们怕我批评。于是，我和他们一起分析了错误的原因，并告诉他们这边的老师都很努力地在帮助他们，听不懂是正常的，我也一样，但要努力去听，从一点都听不懂到慢慢能听懂几个单词，再到能听懂几句话，这样慢慢进步就可以了。但是不能因为听不懂就做不该做的事，这是不允许的。

下午，我陪孩子们一起走进了英语教室。英语老师一看见我，马上就拿出iPad打了一长串话。为了和来自中国的孩子更好的交流，老师们都配备了可随时翻译的设备。我一看，果然是告状，说他们在课堂上随意讲话，如果他们的父母知道了，会很难过的。对两个只来几周的孩子如此关心，可见美国老师的责任心之强。我深表感激，只能不停地道歉："I am so sorry!"并告诉老师，回去后我会教育两个孩子。

看来Jessica也已经知道了两个娃表现不好，晚上特意赶到了学生中心，和孩子们谈心，告诉孩子们什么能做，什么不能做。在Jessica的介绍下，我们知道了在美国的学校，批评是有层级的，第一次老师提醒，学生在教室门口反省；第二次写纸条给家长，在教导处反省；第三次在校长室反省；再不好，停课在家里反省。虽然美国是一个崇尚自由的国度，但规则意识其实很强，校有校规，班有班规，该做到的一定要做到，不能有半点马虎。两个孩子似乎听懂了，表示一定会改正。

想想在国内，每天每节课上都会有表现不好、不认真听讲的孩子。我们除了苦口婆心的教育再教育，似乎也没有其他办法，有些孩子同样的错误会一犯再犯。美国和中国一样，家长必须把孩子送到学校接受教育，但是当你的孩子在学校影响老师正常教学时，学校也可以以停误作为惩罚。美国的分级反省措施很简单，但很实用。规则在哪里都需要，遵守规则是教育中很重要的一部分，必要的、适当的惩罚是为了帮助孩子养成良好的行为习惯。我们是否可以借鉴，在学期初就告诉家长和孩子哪些要求是必须要做到的，如果做不到会有怎样的后果。也许这样，我们的教育会更有效。

海外过中秋

　　随着中秋节的不断临近，嘴上说不想家的孩子们也开始有了一些小思绪。"我叫他们给我们寄月饼过来！"聪聪激动地说。我哈哈大笑："等你的月饼寄到，我们都要回去了！"

　　想想以前每年中秋，家里的月饼都没有人喜欢，吃那么一个也无非是因为过节，意思一下而已。而如今，月饼对我们在美国的这几个人来说，代表的是家乡，是与亲人团聚。如何让孩子们在这里也度过一个有意义的中秋节，感受团圆的气氛？我开始和生活老师云姐商量，是不是该去中国超市给孩子们买一盒月饼，一起过个简单的中秋。

　　没想到美中国际教育交流协会早就考虑到了这一点。Lois带来了好消息，说周日将在学生中心举办中秋派对，邀请学校的校长、老师和同学们，和我们一起庆祝这个"中国团圆节"。听到这个消息，

丰盛的食物

孩子们可兴奋了。

周日一早，大家就开始忙了。分配任务，摆放餐桌，准备饮料、各式点心与水果。鸭子芋头汤、烤排骨、凉拌粉丝、春卷、卤牛肉、烤鸭、酱排骨、蚝油生菜等各式菜肴摆放一桌，龙眼、荔枝、桃子、西瓜、哈密瓜等可口水果大量供应，迎接各位来宾。尤其是Jessica特意为大家准备的各种口味的月饼，真是我至今为止吃过的最好吃的月饼，从嘴里一直甜到心里。孩子们仍然负责接待客人，有过上次开放日的锻炼以后，他们这次明显有进

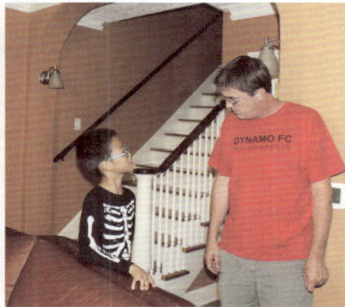

甜食来啦！　　　　　　　　欢迎来我们家！

步——更加自信与自如。

由于来访的客人实在太多，我们这些"工作人员"的就餐区也从餐厅转移到了"后花园"——在厨房后面的台阶上席地而坐，端着盘子大口大口品尝美食，也颇有风味。邻居的小朋友也抱着小妹妹来参加我们的活动，品尝中国的美食。晚上，大家还一起赏了圆月。虽然美国的空气质量特别好，月亮显得特别圆，特别亮，但在我们心里，月还是故乡明啊！

这是两个孩子第一次离开父母家人在海外过中秋。每逢佳节倍思亲，孩子们有没有因此更加想家呢？等客人们离去之后，我悄悄地问孩子们："想家不？""没有！"两个人都异口同声地回答。能在异国他乡开心地生活，与他人和睦相处，有学生中心这个"家"给他们关心、爱护和支持，这可能就是孩子们会这么

回答的原因了。

孩子们入睡了。看着窗外的一轮明月，读着微信上朋友们发来的各种中秋祝福，我真心觉得幸福，不禁在心里祝福国内的亲朋好友们，中秋快乐！

席地而坐品尝美食

邻里party

周四，邻居过来找Lois，两人在门口叽里咕噜说了一大串。虽然我尽力去听，但依然啥也没听懂，只听懂了party、table……难道是邻居家要开party，问我们借桌子？事后听Lois解释，才知道原来周六晚上，我们这条街将举办一个邻里party，每户家庭需要做一个自己的拿手菜，然后大家聚在一起用餐。这让我想起了美剧《绝望主妇》里每户拿着自己做的菜去串门的场景。看来我们的运气还不错，能好好体验一把美国的邻里生活。

终于盼到了周六。为了这次活动，组织者早早地就在街口摆上了栅栏，阻挡车辆进出；在街的尽头，也早早搭好了棚子，摆好了桌子，还为孩子们搭起了"淘气堡"，供孩子们玩耍。晚上五点半左右，我们捧着饮料，带上chips，倒上一些美国人喜欢的salads出发了。一路上，可以看到邻居们也纷纷捧着美食前往就餐

Party上丰盛的食物

区，有的还推着一辆小推车运送各种美味的食物，原本清静的街道一下子热闹了起来。路上，碰到了另一家的女主人，她热情地

和我打起了招呼。互相介绍后，她开始和我聊起了上一期参加美中国际教育交流协会游学项目的四个孩子，又问我这次孩子们的姓名。看着我们只拿了食品，她又热情地告知，每个人就餐时坐的椅子需自备，还问我是否有多余的椅子可以借她。我们赶紧回到学生中心，搬着仅有的三张折叠椅赶往就餐区。"3855"的住户看我们人多椅子少，马上就把多余的两张折叠椅借给了我们，真是令我们倍感温暖。

在一起的邻居们

Party开始了，一位年长的老爷爷发表了开场白。原来，我们居住的这条Delaware街也有很长的历史，据说我们住的学生中心就已经有百年了，而且这条街还出过很多名人。看来，作为这条街上的居民，大家倍感荣耀。邻居们之间互相都很熟悉，热情地打着招呼。一位看似东方人的老奶奶看着我贴在胸前的姓名牌（为了大家认识起来更方便，在美国参加party时都会在胸前贴上姓名牌，写上自己的名字），问："Lan？""Yes，that's my name，How are you？"简单的对话就这样开始了。原来，这位老奶奶来自日本，和我们一样，都属于异乡人。就餐过程中，不时会有人来和我们打招呼，问我们食物是否合口。当我告诉他们"The food is great，We like it！"时，他们会十分高兴。

同行的陈老师笑着和我说："你的英语水平很好么，看你和邻居一路聊得很于心。"我笑了。确实，这可能是我到美国以后用英语说话说得最多的一天，虽然还是会有很多听不懂的时候，还是会找不到合适的单词表达自己的意思，但是在这样和谐的氛围里，在邻居耐心的等待中，我也能很放松地用英语表达自己的想法，与他们聊一聊中国的草地，聊一聊中国的高楼，告诉邻居们虽然我是第一次来印第安纳，但是我已经爱上了这个美丽的城市……

听说这样的邻里party，这条街上每年都会举办一次，真好！其实在中国，也有邻居节，但是又有几个社区会像这样把大家齐聚在一起？可能更多的是连邻居长啥样、叫什么都不甚清楚吧。我不禁想起小时候住在大杂院里，邻居之间随意串门；爸爸妈妈不在，还能到邻居家蹭吃蹭喝；谁家有了好吃的，立马端出来给大家分享……如今，楼高了，生活条件好了，但是却装满了防盗窗、防盗门，防盗的同时也关闭了心门，缺失了人与人之间的信任。

真希望我们的邻里关系能如Delaware街的住户们一样，融洽、和谐！

Happy teachers' day

刚过中秋，又迎来了国内的教师节。听说"天长"的老师们将在9月10日下午进行教师节的庆祝活动，我和两个娃就商量着拍一个教师节的祝贺短片，祝国内的老师们教师节快乐！

我自封编剧＋导演，还兼主演，给孩子们设计了祝贺词，编排了祝贺的方式，并邀请了Lois友情赞助，负责本片的摄像与后期制作。开拍了，Lois笑着说我有演员的风范，一次过关。孩子们的拍摄就没有那么顺利了，不是这个笑场，就是那个忘了台词，聪聪居然连自己的名字都忘记了："My name is……咦，我的名字是什么？"看着他满脸的疑惑，在场的人都不由地哈哈大笑。经过Lois的后期制作，正片+花絮并配上颇具美国特色的音乐，教师节祝贺短片新鲜出炉。"天长"的老师们看后也纷纷给我留言，说这个小短片就像每年"春晚"中来自海外的祝福，加上孩子们的活泼可爱，成了当天庆祝活动的亮点。从短片中也可以看出孩子们更加自信了，在美国真的是有所收获。收到夸奖的孩子们更是兴奋，能给学校的老师们送去漂洋过海的祝福，能得到大洋彼岸的老师们的肯定，对他们来说无疑是一种幸福！

在美国虽然9月10日并非教师节，但有心的两个孩子仍然为这里的老师制作了教师节贺卡。我作为来美学习团队的一员，自然也不能落后。于是，我成了设计师，在卡纸上用铅笔画上草图，由孩子们上色，写祝福语。从CFI#84学校的老师接到贺卡的一刹那的表情可以看出，这小小的自制贺卡，带给他们的是一份惊喜。科学老师和体育老师还马上把贺卡贴到了墙上，与大家分享这份快乐。

原以为对我而言，今年已不存在教师节这个节日了，毕竟身在海外，又与国内日夜颠倒。没想到QQ上、微信群中，到处都是同事、朋友和我那些可爱的孩子们留下的节日祝福，有的还把自制的贺卡拍成照片发给我，并告诉我会把贺卡给我留着，等着我快点回去。更让我意外的是，聪聪与天天居然也为我准备了惊喜。10日早上，我与往常一样，等孩子们洗漱完毕再开始洗漱，就听到楼下孩子们叽叽喳喳在"争吵"着什么，还不时传来生活老师张老师的声音。不会一大早就发生矛盾吧！我快速洗漱完毕，三步并成两步来到餐厅。只见餐桌上放着一个五彩的小蛋糕，还插着蜡烛，原来，刚才他们是在讨论怎么拼出颜色更漂亮的蛋糕为我庆祝教师节。当烛光燃起，孩子们催促着我许愿。这是我第一次在教师节许下自己的愿望——愿所有爱我的和我爱的孩子们健康快乐地成长！

这已经是我第23次过教师节了，却不同于以往的任何一个，不仅仅因为所在国家不同，更是因为孩子们心中对老师的那份尊敬与爱……

感谢有你

Hello everyone, My name is Tim,

Hello everyone, My name is Jerry.

We want to thank you all for helping us everyday!

Mr. Neureitur never stopped encouraging us;

Miss. Williams gave us chance to present at the class;

Ms. Webb, your art class helped us understand the beauty of art;

Mrs. Ramey taught us how to design a monument;

Ms. Zhu, you save us a lot, thank you very much;

Ms. Fahlsing, I like your iceman class, It's so fun;

Ms. K, without you , we can not be better in class;

Miss. Brown, P. E. class is great;

Last but not least, we want to thank Mrs. Collier, Mrs. Kiger;

Please keep in touch, and we welcome you to China.

Thank you!

随着张本聪和张天尧两人说完最后一句话，礼堂里响起了掌声与欢呼声。拿着相机正在摄像的我手不由地抖了一下，不是紧张，而是高兴。

回想起刚到美国的日子，两个孩子在课堂上只能你看看我，我看看你，一脸茫然。一节课拿着一本字典翻了又翻，仍然不知道该做些什么。而如今，他们已经很好地适应了学校生活。虽然，课堂上大部分的语言仍然没有听懂；虽然，依然有许多的作业无法独立完成……

今天，他们站在了学校初中部6-8年级所有同学的面前，大方、自信地用英语表达了自己对学校、对老师的谢意。看着老师们欣慰的表情，听着同学们高声的欢呼，我由衷地为他们感到高兴。

想起科学老师在学期初看到孩子们语言不通，就给他们准备了一堆英汉字典，还特意把孩子们的科学作业翻译成拼音与汉字两个版本；想起数学老师在课堂上让孩子们回答问题，上黑板演算，并多次表扬"Good Job!"帮助孩子们树立学习的信心；想起社会课老师特意根据孩子们的特点，在双休日还忙着为他们设计个性化的方案；想起美术老师对他们的作品进行细心的指导，让他们一次次体验成功的快乐；想起英语老师对他们严中有爱，帮助孩子们改正一个个缺点；想起中文老师为了他们多次与其他科目的老师联系，搭建沟通的桥梁；想起体育老师手把手地教孩子们如何玩橄榄球，以便他们更好更快地融入班集体；想起设计课老师一看到他们的进步就不断赞赏，鼓励他们用英语提出问题……如果没有老师们如此关爱、如此耐心的帮助，孩子们又怎可能有如此大的收获？

耳边响起了那首歌"感恩的心，感谢有你，伴我一生让我有勇气做我自己；感恩的心，感谢命运，花开花落我一样会珍惜……"希望孩子们这次美国之行，不仅仅得到知识与能力上的提升，也能学会心存感恩，感受世界的美好，用爱去善待身边的每一个人，为了世间诸多的真善美，为了内心的善良和感动，更为了人世间诸多的责任！

与校长合影

我们结业啦！

下篇

游学生活促成长

第一周

游学之路开始啦

这周，我到了美国印第安纳波利斯，开启了游学之路。到这里的第二天，我们去了美国最大的儿童博物馆，那也是全世界最大的儿童博物馆。这个博物馆里什么东西都有，有兵马俑馆、大水钟、恐龙馆、儿童游戏馆……

我们先去了兵马俑馆，里边有电影，那是与秦始皇有关的；之后，我还拼了兵马俑，做了兵马俑的脸，但做得很难看，眼睛是凹进去的，也没有嘴巴。

在恐龙馆里有很多恐龙骨架，还可以自己挖恐龙骨架；也有电影，还可以玩闯关游戏、玩恐龙化石。

儿童游戏馆中有台球游戏，还可以修建堤坝，开小船，挖煤，开起重器，操作推土机，体验神秘滑梯，攀岩……每样游戏我都很喜欢玩。

在博物馆里还有一个大水钟，那是一个很大的漏水器，水是蓝色的，分隔开的，有两层楼那么高，有一米多宽。据说，水钟是我们的老祖宗发明的。

在美国的这些天，我们不但参观了儿童博物馆，还购买了校服，去就读的学校报到，认识了那边的校长和老师。生活自理方面，我也有了很大的进步，可以自己整理自己的房间，可以把床整理得很整齐，吃完饭还能把自己的碗筷收拾好。相信在后面的日子里，我会不断进步，越来越棒！

张本聪

在美国印州的日子

游学初体验

这周，是我们来到美国游学的第一周，是一个崭新的开始。我们于7月30日到达美国。第一天，我们早上先整理了行李，然后eat lunch。在下午，早上还精神百倍的我们，一下子就被瞌睡虫给打得晕头转向了，也许这就是时差的原因吧！

第二天，我们去了一家大商场买了我们的校服，那可真漂亮啊！瞬间我就有了美国学生的感觉。

我们还游玩了世界最大的儿童博物馆，那里分上下四层楼，每一层楼都十分好玩。我们先去了二楼的兵马俑馆，在国外看到了我们中国的文物，原来兵马俑在美国是那么受人欢迎，这使我万分骄傲。在这个馆中，我还和张本聪同学一起做了一个兵马俑的头像，真是好玩极了。吃过午饭，我们又去visit恐龙馆，去体验挖掘恐龙的辛苦。最后，我们去了实践馆，边玩边了解了大坝是如何工作的。意犹未尽中，这一天就圆满结束了。

虽然到美国只有短短的几天，但我已经适应了这里的生活，每天起来自己整理床铺，吃完饭主动整理好自己的碗筷，晚饭后还教老师和聪聪同学学习太极拳，锻炼身体。

马上就要开学了，相信我也能很快适应美国新学校的生活，开启一段新的人生旅程。

张天尧

印州项目正式启动

尊敬的家长：

您好！印州课堂项目如期在美丽的印第安纳州正式启动。在印州项目第二期里，我们迎来了杭州天长小学的张天尧同学和张本聪同学。我们很高兴也很期待在未来的十周里和两位同学一同经历、感受和体会，让他们享受纯正的美式教育的快乐，克服语言文化的障碍，开阔视野，并且自我成长。每一个孩子的生活点滴，我们都用眼观察，用笔记录，用心思考。如此集成的每周汇报会通过邮件与家长及时分享。

到达印第安纳州的学生中心，是7月31日的凌晨。睡好一觉，吃完早餐，生活老师便给孩子们开了个短会，介绍了学生中心的相关注意点。熟悉周边环境也是孩子们的一项重要任务，所以生活老师随后又带大家参观了居住区的环境。清新的空气、湛蓝的天空、大片绿色的草坪还有一栋栋美丽的小别墅得到大家的连连称赞。遇到社区公园里的大型游乐设施，孩子们更是欢呼雀跃。荡秋千，爬上爬下，玩得不亦乐乎。美味的午饭过后，我们便带着大家到超市购买校服和学习用品，同时认识和使用美国的货币。7月31日当天也是结对学校CF1#84学校的开放日。校长Mrs. Collier很热情地和两位同学见面并打招呼。校长还亲自引领大家参观社团介绍会，领资料。当天我们还认识了各科的教师。两个孩子都被分在了六年级，班主任是一位帅气的科学老师，听说有解剖动物，两个孩子既有期待，又有点忐忑。

初步熟悉过学校环境以后，我们在周五和周六带学生去参观了印第安纳波利斯市丰富的人文资源。周五我们参观了全美最大最著名的印第安纳波利斯儿童博物馆，周六则是到图书馆借书，之后参观印第安纳波利斯市艺术馆。

校长接见兄弟两人

找到校名啦

瞧瞧我们的学校，漂亮吧！

　　都说孩子的可塑性是最强的，这句话一点都没有错。虽然到美国才短短的三天，却看到了孩子们身上的许多变化。例如刚来的时候他们的东西散落一地，乱糟糟的，经提醒以后孩子们立刻就收拾得整整齐齐；例如刚到学生中心时吃完饭一甩手就走了，经过生活老师的教导，两人往后都很自觉地在吃完饭以后自己整理碗筷，细心地整理干净餐桌；又例如懂得了坐车的时候不能大声说话，而是要尽量保持安静。

　　张天尧好学，喜欢读书，平时也很会照顾比自己小的同学，处处体现出大哥哥的样子，让老师们都挺放心。我们期待即将开始的学校生活能更加激发他使用英语的兴趣和自信。

张本聪聪明，活泼好动，好奇心很强。我们期待即将开始的学校生活能更加激发他使用英语的兴趣和自信。

邛州项目组

2014年8月3日

我们准备好开学啦！

这是我们的班主任。帅吧！

第二周

上学第一周

这周，我们开始去CFI#84 school上学了，我突然发现上学也很好玩，可以遇见很多新奇的东西。比如：坐校车上下学，每人都有自己的储物柜，学校门口养鸡，科学课让我们去花园捉生物……这些我都很喜欢。

我们的班主任是Mr.Neutratur，他很帅。我还有了许多好朋友：乔治.安得森、Levi、Keegle……他们不会说中文，但我可以听懂他们的一些话。在星期五，我们举行了一个大party，有很多吃的：可乐鸡、比萨、炒年糕、水果、炒面、炒饭……我还当了这里的小主人，用英语与来客交流。通过这次活动，我觉得我的英语水平提高了很多。

星期六，我去参观了航空展，里面有很多车：卡车、警车、消防车都可以上去参观。但航空展最多的还是飞机，我还爬进了驾驶舱，做了一回飞行员，太酷了。

虽然这周是我在美国上学的第一周，但我已经可以大胆地用英语与美国小朋友交谈了，进步很大。

张本聪

快乐的第二周

这周，是我们来到美国的第二周。周一，我们穿上漂亮的校服来到CFI#84学校，见了我们的同学与老师，从此打开了我在美国上学的第一页。由于我们还是第一天上学，对学校的规矩还不了解，遇上了一些小困难。多亏在我们的中文老师——朱老师的帮助下，才少走了弯路。

在这短短的一周中，还有许多有意思的事。上学的第二天，我们就和Leve、Keegle 同学成了好朋友，他们给了我们不少帮助，带给我们许多快乐。周五晚上，我们邀请了我们的老师、校长、房东一家和寄宿家庭参加我们举办的party。我和张本聪变成了招待员，用英语接待到来的客人们。一开始，我十分紧张，害怕背错台词，被外国人笑话。接待好第一家后，我出了一身的冷汗。但在老师的鼓励下我慢慢勇敢了起来。"Welcome to our home! …"我的介绍一次比一次流利。当接待好全部人时，我不禁长出了一口气，用手擦干了头上那丝丝的汗水，心想：我的英语水平又好了许多，看来大胆开口说英语对提高英语水平很有帮助！

星期六，我们还去了航空展，在那里，我们看见了各种各样的私家飞机，还坐进驾驶舱当了一回飞行员，真是有趣极了！

在这周中，我学会了许多东西，其中最大的进步就是我能用英语写作业了！下周我会再接再厉，做得更好！

张天尧

在活动中成长

尊敬的家长：

　　伴随着结对学校在8月4日开学，项目成员也正式进入美式课堂体验走班式教学。所谓走班，即学生没有固定班级，去不同的教室上不同的课，形式跟我们国内的大学很像。在游学期间，孩子们上的课有8门，分别是：科学、数学、个人与社会、英语、艺术、数学、中文还有体育。

　　同样是上学，但在美国很多事情都要重新适应。语言就不用说了，连上课的方式都大不一样。如何在几乎没有间隙的课间时间里收拾东西、找到教室，成了孩子们第一个要解决的问题。幸好美国同学非常友好，纷纷主动向我们的孩子提供帮助。所以才没几天，就常能听到两位小张同学愉快地提起某某美国同学的名字，附带上一段他们之间的对话或者小玩笑。

　　除了和学校领导层积极配合，美中国际教育交流协会也精心安排和创造机会，让孩子们更快地融入新环境。周五我们就在孩子们的家——"学生中心"举办了印州课堂项目的招待派对。派对不仅是为了创造一个能拉近我们的孩子和教师、寄宿家庭孩子关系的机会，也是给我们的孩子们提供一个个人展示和表现的机会。在派对上，两位小张同学能用英语欢迎客人，介绍自己住的地方，招待客人用餐，和美国孩子玩耍，迈出了用英语交流的重要一步。这样的活动，培养了孩子们的主人翁意识，增强了他们与人交流的自信心。

　　如何帮助孩子们更快地在英语上获得突破，是学校和美中国际教育交流协会工作人员的一大重心。下周学校将为二位小张同学安排英语水平测试，并根据他们的所得成绩，设计具有针对性的辅助。美中国际教育交流协会对孩子们的英语学习也丝毫不敢怠慢，放学回家以后，都有布置英语任务。在吴老师的监督和美中国际教育交流协会工作人员的协助下，孩子们每天通过自己查字典和请教老师的方式学习英文单词，并练习三句实用的句子。这周开始，孩子们每天都会安安静静地进行英文书籍的阅读，还能用英语完成学校的各科作业，让老师们都很佩服。

周末是体验社会，开阔眼界的重要时间。这周孩子们参加了当地一个民营机场的开放日，参观了航空展，体验了别具特色的"美式游园会"，具体的照片和经历家长们可以在博客上领略。周日在儿童博物馆借书以后，我们又造访了印第安纳波利斯市的市图书馆，带孩子们领略了当地丰富的儿童教育资源，感受美国社会对从小培养良好阅读习惯的重视。

项目的所有老师都对张本聪同学在这一个星期里表现出来的大胆、好学和认真表示称赞。还记得周末在航空展上，他被邀请为魔术表演的志愿者。他落落大方地配合魔术师完成了魔术表演，得到了观众热烈的掌声；在他想和外国司机交流的时候，也会主动向老师请教，学习用英语该怎么对话。张本聪同学还有一股一定要把事情做出来的劲儿，当他要解开缠绕着小降落伞的绳子的时候，都是先自己动手研究半天，最后实在需要帮助才找老师，这些良好的品质都将会大大地提高他适应新环境的速度。这周老师们也告诉张本聪要学会正确评价自己，要看到自己的优点，也看到自己的不足，这样才能使自己进步得更快。

张天尧同学的表现一直非常好。还记得开学前一天晚上，Lois教大家用英文做自我介绍，并要求背下来。有的孩子不喜欢背书，但是天尧很认真，在学生中心背了一遍又一遍，洗澡的时候还大声背诵。这么端正的学习态度，让老师们都非常开心。他语言表达能力很不错，尽管英文不是很熟练，但是周五做接待员的时候他表现得很出色，不仅意思能大概表达出来，还会根据客人的回答随机应变。他写的周记老师们也都很爱看，心理活动的描写十分丰富。他还很善于听取意见，有错马上能改。如果要说这

在美国印州的日子

周最大的进步，那就是吃饭了。吃饭时他不再用手捧着头，吃饭
的速度也有所增快，对自己不爱吃的菜也能慢慢吃完，真不错！
希望天尧能够更加主动大胆地融入现在的学习和生活，多开口用
英语和大家交流。相信通过天尧的努力，他一定会越来越棒！

印州项目组

2014年8月10日

认真学习中，请勿打扰……

和美国邻居一起做游戏

第三周

我会和同学交流啦

这周，是我在CFI#84学校上学的第二周。这一周整体是比较好的，还开口说英语了。星期六我还去了于老师家，吃了三文鱼，玩了蹦床，很爽。在蹦床上我们玩得很开心，我还发明了袋鼠式跳法……

我觉得这周中我最佩服自己的事是与同学用英语交流。记得星期四，我要上跆拳道社团，但是我不知道社团的上课地点。于是，我用英语向Levi问路。我问他"I am going to practice Taekwondo today. Do you know where it is?" "Can you lead the way?"说的时候，我十分害怕，出了一身冷汗，生怕他听不懂。不过幸运的是，他听懂了，但他说的我听不懂。那时，他也要上社团了，不能劳驾，我急出了一身汗，最后他拿起我的字典给我翻译，我知道了跆拳道课在楼下大礼堂。

这周我也有不好的地方，上课说废话，啃手指头，注意力不够集中，影响了老师上课。东西的保管也没有前两周好，有丢三落四的现象发生。但我会改正，努力听懂老师的话，争取进步。

张本聪

在美国印州的日子

第一次对话

这周，是我们来到美国的第三周，是我们去CFI#84学校上学的第二周。

这周的上学期间，与上周比我有了长足的进步，如：摸清楚了学校里的规律，知道了哪个课在哪个教室上，等等。其中，我认为我做得最好的事情是我能在没人帮助的情况下独自与校车司机对话了！那是发生在周四上午的事，吃过早饭，老师对我们说今天要练习跆拳道，不能坐校车回家，要跟校车司机说一声，并把"I am going to practice Taekwondo today." 和 "So I can't by bus go home." 这两句话教给了我们。一上校车，我的心就忐忑不安了起来。心想：下车的时候就得跟司机说了，万一她听不懂，或不小心忘记了一个单词使司机误解了我的意思怎么办？不知不觉中，已经到了学校，我怀着害怕而又紧张的心情走向了司机。她回过头来看着我，我感到十分紧张，过了半天才把两句话给挤了出来。说完后，我小心地望着她，生怕她没听懂，不过看她的表情应该是听懂了我的话。我大松了一口气，心中那一块大石头总算是落地了！我对司机说了声谢谢后背起书包去上学了。虽然这件事很小，但它锻炼了我的胆量，同时也告诉了我，任何事都要努力去尝试。

在这周中，我有表现好的地方，也有表现不好的地方，如：这几天在英语课上讲话影响老师上课了，被老师提醒。不过我会努力改正这些不好的地方，认真听老师说的每一句话，争取下周做得更好！

张天尧

学校的小变化

尊敬的家长：

你们好！

孩子们在美国又度过了有意义的一周。这周的周一进行了英语水平测试。从结果来看，尽管两个孩子都很努力，但和学校的要求还存在不少距离，同时也说明他们在听、说、读、写四方面都有很大的进步空间。了解了孩子们的英语水平后，学校和美中国际教育交流协会立刻调度各项资源帮助他们克服语言上的困难。例如美中国际教育交流协会已经给他们安排了每周一、五早上8：00-8：40进行语音/口语辅课，由专业美国老师授课。课后辅导的内容，也在原来的基础上增加了要求，包括每两天背诵一个单元的单词，提取作业的关键词进行讲解和拓展，还有按计划每天观看英文原版科教动画《神奇校车》……语言的突破是个过程，我们希望有了这些资源，孩子们能更有信心、更加严格地要求自己，争取在项目期间获得实质性的进步。

在学校里，交流总是双向的。CF1#84学校也因为两位杭州学子的到来发生了变化。为了帮助孩子们跨越语言障碍，更快、更好地享受美国课堂的乐趣，六年级的老师们统一在课上配备了Google翻译软件，协助孩子们进行有效交流。科学老师甚至把作业也翻译成中文，希望减少孩子们的负担。美国老师不愿意落下班里任何一位学生，其用心良善可想而知。社会学的老师更是表示会为两位小张同学特意设计一个项目，帮助他们更好地融入课堂。这些工作对老师而言都是不必要的附加工作，但他们都会根据孩子的实际需求为孩子们量身定制学习方案，实在是让我们非常感激。中文老师还担当起"传达员"的角色，耐心地和孩子们反复说明学校的各种通知，帮着解释作业。当然，孩子们闹笑话的时候还是有的，譬如他们读数学课本，老师还没在系统上进行登记，两位就把书带回家了。幸亏数学老师在周四家长会上和我们解释了一下，不然那两本数学书就要"离奇失踪"了！

因为天气和各种原因，这周末的活动都有不同程度的调整。原计划周五在学生中心开办的留宿活动因为寄宿家庭计划临时变更而遗憾取消。孩子们在美中国际教育交流协会负责人Jessica的带领下逛了美国的大超市，了解了美国商品的价格。Jessica还买了各种口味的哈根达斯冰淇淋，请孩子们吃了冰淇淋大餐。周六，Jessica还邀请两位小朋友到她家里做客。孩子们高兴地玩蹦床，还吃上了美味的烤三文鱼。周日因为考虑气温偏低，以及有下雨的可能性，取消了水上乐园的计划，在儿童博物馆借书和参观后，去了附近山上的大公园游玩。在大型的活动器材上，孩子们玩得不亦乐乎。

天尧这周的总体表现还是不错的。上课会努力去听老师说的话，能尝试使用英语和身边的人交流。例如社会课上，在他的努力下听懂了老师的要求；周四还用英文（加动作）告诉校车司机下午要参加社团不坐校车回家；向同学问路等，这些都表示他在努力，他在进步。

本聪这周的表现总体来说也还是不错的。他特别喜欢上科学课，因为可以动手做实验。他也很喜欢周四下午的跆拳道课，因为很Cool。本聪背单词很有效率，常常速度快，听写的时候准确率也高。不过副作用是很快就会忘记。像还书（return）这个单词，Lois这边教完，5秒钟之后检查就不记得了。随着时间的推移，他开始渐渐暴露出一些问题。这周出现了丢三落四的情况，不是忘带作业了，就是忘把外套带回家。希望本聪在老师指出问题之后能够及时改正，争取进步。

印州项目组

2014年8月17日

这就是我们乘坐的校车

和校车司机在一起

第四周

快乐的home stay

这周，是我上学的第3周，也是我第一次去home stay。

到了周五，就是我们期盼已久的去叶女士家home stay的日子。她家有两个儿子，一个11岁，一个12岁，但都比我们高多了。在星期五晚上，我们看了一场橄榄球赛，我听见张天尧说："橄榄球赛真不好看，因为就是先发球，之后抢，又是犯规，一点点地移。"我也有同感。但在进球时，我们也会大声地欢呼。晚上，我是睡气垫床的。气垫床软软的，可舒服了。第二天，早餐是华夫饼，我还放了巧克力酱，超好吃。我们还去看了大哥哥的球赛，他们是白队，在进球时我们也会欢呼，我说："白队厉害，红队弱。"张天尧问："为什么？"我说："因为球一直在红队半场踢，几乎没过过半场。"两场中间，我们还去了冰淇淋店吃了个冰激凌，凉凉的，美味极了！

我觉得第一次去home stay很成功，也很开心。

张本聪

快乐的home stay

这周，是我们来到美国的第四周，这周的周五是一个特殊的日子，因为周五下午我们就要去美国家庭寄宿了！

虽然在外国家庭寄宿这件事上，我已经有了两次经验，但我还是有一些紧张，怕听不懂寄宿家庭爸爸妈妈和孩子的话闹出笑话。周五下午放学回家后，我就和张本聪怀着期待与紧张的心情等待着寄宿家庭家长的到来。

五点半过后，寄宿家庭的妈妈终于来了，我在换鞋的时候，听见美国家庭的妈妈说了几句中文，我心中大喜，心想："没想到这位妈妈还会说中文，真是太好了！"在车上，我了解到了这位妈妈是一个香港人，十七岁就来到了美国。她的家中有两个男孩，一个和我一样大，还有一个比我大。到了她们家后，我发现了美国家庭与我去过的两个外国家庭有一些不同，如：很多设施变得先进了，有两个大客厅，房间小了但是多了，对我们也很热情，等等。吃过晚餐，我和哥哥、哥哥的爸爸、张本聪一起去观看了美国的football——橄榄球，真是太精彩了！第二天，我们去看了一个哥哥的足球比赛，虽然没有橄榄球那样刺激，但是也十分精彩。

一周的时间不知不觉过去了，希望在新的一周中能有新的收获！

张天尧

快乐的home stay！

在美国印州的日子

点点滴滴看进步

尊敬的家长：

你们好！

转眼间，印州课堂项目已经开展了四周。在这一个月的时间里，我们两位小张同学在老师、项目工作人员和家长的帮助下，已慢慢适应印州的学习和生活。在各方的努力下，孩子们学习英语的主动性不断提升，良好的积累单词的习惯也正在形成，英语开口表达的欲望也更加强烈。早上看到校车司机和老师，会主动说："Morning！"，下午回到家中会主动和生活老师打招呼"We are come back！"这些都说明孩子们在努力。每周一和周五的口语课补习，老师也会创设生活中的情境，让孩子们开口说英语，帮助孩子们建立使用英语的自信。孩子们的课外活动也丰富多彩，每周四有跆拳道的学习，周末有寄宿家庭生活体验，双休日还会去各个博物馆游览，全方位体验美式生活。

本周末留宿寄宿家庭活动也正式开始。印州项目的寄宿家庭以志愿者形式报名，通过学校和美中国际教育交流协会严格挑选和审核后确定家庭名单，确保能给孩子们提供安全、纯正和有意义的美国生活体验。今后每周五、周六（除特殊情况外），孩子们都会与志愿美国家庭共度周末，深度体验印州当地人的生活方式与文化。例如，这周孩子们就进入了一个国际家庭，并跟随他们观看了两项体育比赛——橄榄球和足球。美国是个极其重视体育运动的国家，而且体育运动非常"草根"，周末全家一起去看比赛是典型的家庭活动。除了专业比赛外，自己的孩子参与的校际对抗赛也是受到高度重视的，常常是全家动员，一起在场边呐喊助威。这次俩小张有这样的机会，真是连美中国际教育交流协会工作人员也感到羡慕，他们自己也是非常开心。

经过上周学校和老师的提醒，天尧和本聪上课表现有了明显的改观，英语课上能认真参与课堂的学习了，还在英语课上给班主任写了英文信。为了表示自己的歉意，天尧和本聪还制作了"道歉卡"送给英语老师，勇敢地向老师承认错误。其他课上他们俩也在进步，每天回家后都会很兴奋地告诉我们"我今天听懂了一句话"或者"我今天和×××说话了"，虽然不多，但也是一点一点在前进。因为逐渐跟上了课堂的节奏，数学课每周五的考试这次也和全班同学一起参加了，还借助字典理解了最后一道应用题，真不错！完成回家作业方面，两人也有不错的表现，可以自己查关键词理解题意，还用查字典的辅助方式读完了一整本英语绘本，最棒的是其中每一句都读懂了！希望他们能继续坚持，通过阅读积累更多的单词。吃饭方面，天尧有一定的进步，不过遇到不爱吃的菜，有时花的时间会比较多。相信通过天尧的努力，会慢慢克服自己的不足，越来越棒！

要提醒本聪的是，该交的作业一定要按时完成。这周设计课老师反映他有作业没有按时上交，不应该哦。希望有不懂的及时问老师或同学，弄清楚上交作业的时间，按时完成。相信本聪一定会知错就改，不断进步！

印州项目组

2014年8月24日

我也会玩橄榄球啦！

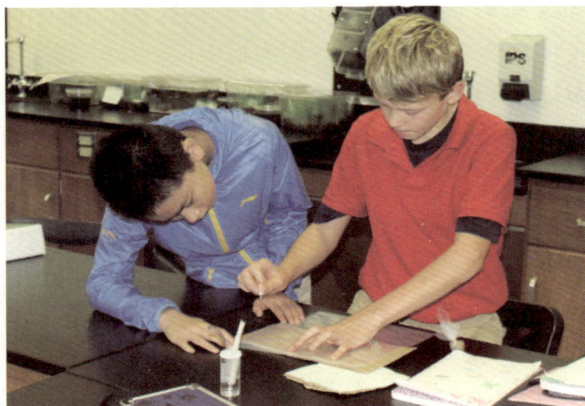

我们一起做研究！

第五周

我的小进步

一晃，又一周过去了。这一周，我又有了新的进步。

记得那是星期二的数学课，和往常一样，老师会叫几个同学上黑板做题目。突然，老师叫到了我的名字。我直冒冷汗，十分害怕，但还是走到了黑板前面，拿起了粉笔，完成了指定的题目。老师看了说："Good Job！"我大吐一口气，想，我第一次上黑板做数学题竟然对了，太高兴了！

周末，我去了Liam家home stay。他们家很大，有两层，还有地下室。地下室有两个房间，一间是洗衣房，一间是游戏室。游戏房里有TV game，大绿球和小足球。我和Liam进行了足球比赛，结果7：7打平。一楼有客厅和餐厅，二楼都是卧室。晚上，我和Liam睡一个房间。

第二天早上，我和Liam的妈妈和妹妹去看了他的足球比赛，总共看了两场。看完比赛，我们还去了动物园，有海豹、猴子、企鹅、蛇、老虎……我还拍了很多照片，很有意思。

这周总体来说十分快乐，我也很期待下周的home stay！

张本聪

摸螺蛳

　　这周，是我们来到美国的第五周，在这周中，我去了我的同班同学Jonas家寄宿，在这期间，发生了许多有趣的事情，我就挑一件与你们一起分享。

　　星期六的早上，我和Jonas的妈妈、Jonas一起去看了Jonas哥哥足球队的比赛，期间我和Jonas一起在旁边踢足球，Jonas一不小心就把球踢到了比赛场地的后面的斜坡下，我们下去捡球时，发现了一个排水口出口前面的小池塘，里面有许多隐藏的小螺蛳。Jonas说我们抓几颗小螺蛳吧！于是我们各捡了一个空瓶子来到了池塘边。我的心中十分矛盾，因为不脱鞋下水鞋子会湿，光着脚下水又怕水中有细菌，最后还是我的好奇心打败了恐惧感。我把鞋子袜子扔在一旁，直接跳在了一块石板上，那让我打了一个哆嗦，水可真冷啊！接着Jonas也跳了下来，和我一起在水浅的地方寻找着小螺蛳的踪影。找了一会，我突然感觉脚下有个东西在动，我大吃一惊，赶紧抬起脚来。原来是一颗小螺蛳！我兴奋地大叫，赶紧跑到Jonas那边，与他一起分享了我们的第一个战利品。就这样，我们在水下四处寻找，又找到了许多小螺蛳，还齐心协力抓住了一条小鱼。愉快的时光很快就过去了，我们回到家中，把我们的脚冲了干净。一天就这样过去了……

　　希望下周能有更多有趣的事，带给我更多美好的回忆！

张天尧

参观印第安纳大学

尊敬的家长：

你们好！

印州课堂项目第五周的活动依然非常精彩，孩子们每天都会给我们带来一点小惊喜。数学课上他们分别上台给全班同学演示了两道数学题，实在是给我们中国人长脸啊！科学课继续是各种有趣的户外活动，这次是到学校的饲养笼给火鸡喂水果和面包，目的是观察火鸡的生态环境；周末他们分开去了不同的寄宿家庭，依然受到了很热情的招待。聪聪的住家带他去看了她家儿子的足球比赛，还参观了动物园；天尧也去观看了他住家儿子的足球比赛，还到了附近的小溪里摸了螺蛳，玩得十分开心。

周日我们安排了一次中途旅行，来到了著名学府印第安纳大学所坐落的美丽小镇布鲁明顿。孩子们在工作人员的带领下参观了大学的纪念堂、生物教研楼、艺术馆，还有剧院。学校优美的环境让孩子们都印象深刻，特别是看到趴在树上的大尾巴松鼠，怎么看都看不够。好玩的是，两个孩子对生物楼里的标本所持的态度完全相反，把我们都逗乐了。聪聪很兴奋地用相机给标本拍照，回来以后还说他想当生物学家；而天尧就一直小声地说"人类果然是太残忍啦""会不会有一天标本们都活过来了开始把人做成标本啊"等等，就是各种小说或者电影情节就出来了。一个好奇心强，一个想象力丰富，还真是君子和而不同啊！不过有一点他们倒是很一致的，就是都特别喜欢当地的WonderLab儿童科技馆。他们一进去就像被施了法术一样，穿梭在各种互动游戏中，玩得不亦乐乎。

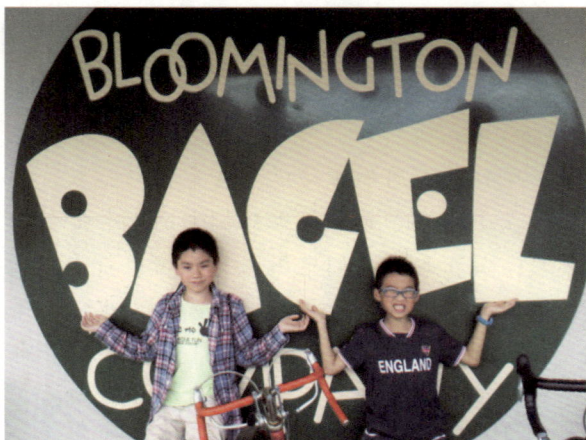

在印第安纳大学感受一把大学生活

　　天尧在学习方面还是比较认真的，和外国同学的对话也从一两个单词进步到能说一句完整的话了。他下星期的目标是至少上台发言一次。我们很期待他能实现这个目标。天尧，加油！

　　本聪的好奇心很旺盛，这周末我们看生物标本的时候他就一直很认真地拍照，问问题。他平时小点子也挺多，是个思维很活跃的孩子，但有时候会犯点小懒。希望本聪能更加努力，更大胆地和同学交流，争取更棒！

印州项目组

2014年8月31日

第六周

快乐每一天

这周，有很多有意义的事和好玩的事，我们过得很快乐。

在星期五早上的数学课，我主动举手，自愿上黑板做题，而且做对了。这对我来说，可是一个大进步。

下午，我的同班同学Owen来我们家玩。不知道是不是因为有人来了，原来老是掉线看不了电视的网络变得特别好，我们都可以看《马达加斯加》了。虽然是全英文版，我们也看得津津有味。之后，我们去了露天电影场。在电影开始之前，我们玩了很多游戏，有飞盘、橄榄球……我最喜欢玩飞盘，Owen教我们怎么玩，最终战绩如下：我接住飞盘3次，Owen接住飞盘5次，张天尧一次也没有。电影开始了，是讲一个黑松鼠与一只老鼠是朋友，它们一起偷食物，但一个村的村长与他的鸟十分讨厌它们，经常打它们。它们经历了千辛万苦，最终获得了成功。这部电影有时让你紧张，有时让你害怕，有时让你快乐，有时让你感动，我十分喜欢，我会一直记住它。

马上就是国内的中秋节和教师节了，吴老师和我们还拍了一个视频，祝"天长"的老师们教师节快乐。拍摄的过程中我和张天尧好几次笑场，我甚至都忘了自己的名字，很好玩。今天晚上，我们还将邀请美国的朋友一起过中秋，开一个盛大的party，我十分期待。

张本聪

在美国印州的日子

观看露天电影

这周，是我们来到美国的第六周。在这周中，我们去看了一部全英语的露天电影，使我深有感受。

那是星期五，我们班的同学Owen来我们家玩，并计划吃过晚饭以后去看露天电影。我听了这个消息后兴奋极了，其中的原因有两个，一是因为终于有我们班的同学到我们家玩了，二是因为今天可以去看美国的露天电影了。我还没有见过美国的露天电影是什么样的，这次正好去见识一下。

吃过晚饭，我们一起坐车去了那里。这个露天电影院建立在一块中等大小的公园上，是一个弧形的建筑，有点像一个小舞台，中间有一块巨大的屏幕。等天色快黑之时，电影终于开始播放了。电影刚刚开始了一小段，我就感到深深的无力，因为这些人物的对话我一句都听不懂，这使我感到了会多种语言在社会中是十分重要的，更是体会到了我的英语水平十分不好。但是我依然很仔细地聆听电影中人物的每一句对话，希望能听出一些我知道的单词。功夫不负有心人，经过了一番努力之后，我终于能听懂一些它们的对话了，这使我感受到了语言不通对人们的影响是多么的巨大，连看一场普通的电影都如此费力。我以后一定要成为一名科学家，发明出一台微型耳机，可以自动接收一切语言并快速转换使用者的语言，让每一个人都能听懂，从而跨越语言障碍，让各国人之间都能进行自如的交流。

这周的活动很丰富，除了看电影，周六我还和我的美国小伙伴Jonas一起去参加印第安纳姐妹城市的集会。在那里，我们玩了疾驰的赛车、激烈的桌上足球比赛、有趣的左手夹糖小游戏……这些都让我们爱不释手，流连忘返。

一周的时间就在这些精彩活动中不知不觉过去了，期待下周更精彩！

张天尧

中秋派对

尊敬的家长：

你们好！

首先要给各位送去圢州课堂项目迟到的中秋祝福，祝愿各位爸爸妈妈身体健康，阖家幸福！

过去的一周两位孩子在印州度过了他们第一个海外中秋节。每逢佳节倍思亲，孩子们有没有因此更加想家呢？"没有！"两个人都异口同声地回答。虽然他们嘴上说不想，但实际行动上他们还是会在意的，譬如天尧就说"（觉得自己）更想吃月饼了。"对于孩子们天真的回答，我们真的只能感慨"你们都是吃货啊！"不过他们能在异国他乡开心地生活，和睦地相处，有学生中心这个"家"给他们关心、爱护和支持，我们也能理解为什么孩子们会这么回答了。

周日当天，项目组在学生中心举办了热闹的中秋派对。学校的校长、老师和同学们又一次被邀请来和大家一起庆祝这个"中国式感恩节"。我们的中国老师们再次大显身手，给大伙准备了好多丰盛的应节中国菜。鸭子芋头汤、烤排骨、凉拌粉丝、春卷、卤牛肉、烤鸭……还有月饼、龙眼、荔枝、桃子等甜点与可口水果大量供应，吃得大伙都停不了嘴，赞不绝口。两位小张同学仍然负责接待客人，有过上次开放日的锻炼以后，这次明显有进步，更加自信与自如。

作为学生中心的小主人，张天尧和张本聪这周的接待"任务"还真不少。除了中秋派对以外，周五、周六他们还接待了两位到家里做客的同班同学Owen和Jonas。周五晚上他们和Owen一起在家里吃意大利面，还到公园看户外电影；周六Jonas带着他们到市中心玩了一天，参与了很多新奇又好玩的活动。正在学中文的Jonas在路上还一直和他们玩中文数数游戏，互相之间都相处得很好。虽然孩子们还是有点害羞，不敢先开始对话，但在相处的过程中越来越大胆，和同学的交流越来越多。对话是个循序渐进的过程，相信只要孩子们坚持，不断积累，敢于踏出自己内心的"安全区"，一定会有所突破。

天尧总体上都不错。上周有点小感冒，可能是因为换季吧，不过很快就好了。这周他做了一个设计课作业的模型——纪念碑，主题是纪念印第安纳州成立200周年。剪裁、粘贴等步骤都做得很细致，出来的效果也挺好。各个科目上天尧也都和往常一样尽力，周五的科学测试和数学测试成绩都有所进步，数学还得了满分，真不错！希望天尧在语言交流方面继续加油，大胆开口与同学老师交流，争取更加主动，更棒！

本聪表现也很棒。他上周四有点不舒服，按学校要求在家里休息了一天。但他没有因为不舒服而落下学习进度，晚上把天尧带回来的作业都补上了，第二天"满血复活"，又高高兴兴地去上学了。希望本聪上课专注度更高一些，语言交流上更主动，争取更棒！

印州项目组
2014年9月9日

同学来做客啦！

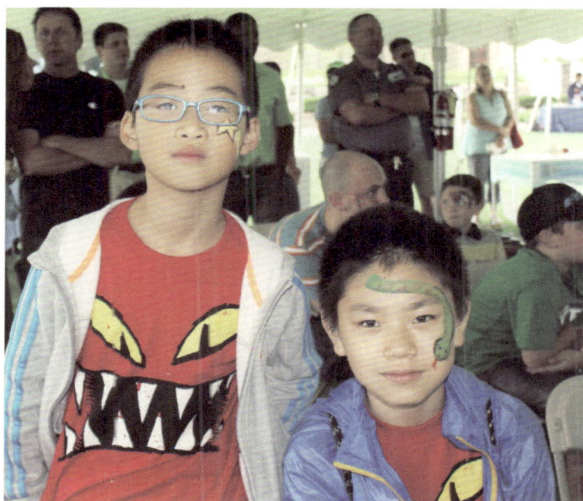

找到亮点了吗？

快乐就是那么简单！

第七周

美国理发记

到美国已经第七周了，我的头发也变长了很多，像一堆杂草一样堆在我头上，听说陈老师从国内带了理发工具来，所以，我们就约了陈老师来帮我们理发。

坐上椅子，披上塑料布，我的心也忐忑不安起来，因为，陈老师只给她的儿子理过一次，我是第二个，也不知道陈老师手艺好不好。开始剃了，我十分紧张。突然，一根头发卡住了理发机，很痛，我忍不住大叫一声："啊！"陈老师马上停下了手中的机器。原来是因为我的头发太长了，又硬，卡住了机器。随着陈老师改变着剃法，我越来越放松，也觉得越来越舒服。不一会儿，头剃好了，剃得很成功，我感觉我瞬间变帅了很多。回顾整个理发的过程，有时痛，有时舒服，有时痒，十分好玩。

这周，还有很多有意义的事，比如：上课主动举手发言，主动在白板上做题；去麦克叔叔家里BBQ，烤棉花糖……期待下周有更多的精彩！

张本聪

烤棉花糖

转眼间，一周的时间又过去了。在这周中，发生了很多有趣的事情，其中有一件事尤其使我记忆犹新。

那是这周的周五，我们又去了寄宿家庭。晚上，我们在他们家的后院生起了篝火，一起准备烤棉花糖吃。我和Jerry都拿到了一个很长很长的像叉子一样用铁做的东西，把两块很大的棉花糖放了上去。我既兴奋又紧张，因为我还从来没有烤过棉花糖吃呢！我毕竟是第一次烤棉花糖，没有经验，万一烤焦了怎么办，会不会被其他人笑话？忐忑的我小心地把棉花糖放在了不同的地方烤，还调过高度，以免被烤焦。突然，其中的一块棉花糖烧起来了，火焰

烤棉花糖啦，想吃吗？

直往上冲，我赶紧把火吹灭，但火已经把一大块地方给烧焦了，我感到一阵的失望。我又把它们放回火上继续烤。有了这次教训，我特别小心，经常去翻动棉花糖。没想到棉花糖烤的时间长了以后会变软，那个唯一没被烧着的棉花糖也不幸掉入火中，瞬间就被火给吞没了。没办法，我只好把那个已经穿了一件"黑色衣服"的棉花糖拿了下来，用两片饼干夹了吃了，味道很不好。吃完之后，我又鼓起勇气，再去拿了一块新的棉花糖去烤。这一次，我吸取了前两次的教训，时时关注着温度与棉花糖的软硬程度，终于烤出了一个成功品。我吃着自己烤的棉花糖，感觉味道好极了。

这件事使我明白了遇到挫折并不可怕，只要勇于再次尝试，就能到达成功的彼岸。

张天尧

孩子们的寄宿生活

尊敬的家长：

我们又"见面"啦！

爸爸妈妈们都有欣赏过孩子们的教师节视频吗？是不是很棒？回想整个拍摄和制作过程都充满了欢声笑语，因为孩子们实在太可爱了！印州项目组真的很高兴这几个月能和"天长"的两位小同学一起快乐度过，看着他们茁壮成长！

进步经常在不经意之间发生。孩子们上一周都在数学课上举手上黑板给全班同学演示解题步骤，美国老师毫不吝啬地夸奖了他们，俩人都被自己的表现振奋了，喜形于色。周五的数学测试也传来很让人欣喜的消息，两个孩子都在测试中获得了满分！从听不懂到拿满分，孩子们在学习过程中付出的努力终于得到了阶段性的回报，真替他们感到骄傲！

正如孩子们周记里记录的那样，这周的寄宿家庭带他们领略了很多让人记忆深刻的美国生活。其中一样就是学会了怎么搭建篝火，然后在火上烤棉花糖，制作棉花糖夹心饼干。这可是美国人最喜欢的甜点了，男女老少不分年龄的烧烤必备食物。不过制作过程可是有技巧的哦，可不，一不小心就会把白花花的棉花糖烧焦（详情请参照博客里天尧的照片~）本聪倒是很快就掌握好了火候，美滋滋地先品尝起来了。不过天尧也很善于从失败中吸取教训，马上改进了自己的烧烤方法，也获得了成功。

到目前为止，孩子们去过3个不同的寄宿家庭，每一个家庭都热情且独特。孩子们开了眼界，也成了中美文化交流的好榜样，每户寄宿家庭都给了孩子们表扬与肯定。这周的寄宿妈妈真诚地给我们写信说，他们一家人都从张本聪和张天尧身上学到很多。她的孩子说能感觉到美中文化之间的显著差异，并且认为相比之下，他们不应该那么"贪心"和"自以为是"［原文是：We

~~112~~

had so much fun learning (as a family) from the boys. They were so gracious and appreciative that it made my heart melt. My kids expressed a noticeable difference between American and Chinese children as maybe we shouldn't be so 'greedy' and 'entitled'. Great lesson !!]。

果然是"天长"的学生，真不错！

生活上，天尧一直都在扮演非常体贴的大哥哥的角色，照顾比他小的本聪，常常谦让，项目组的老师们都有目共睹。但他毕竟还只是十几岁的孩子，有时候也会小恶作剧一下。上周在家里他和本聪因为玩耍产生了一次小摩擦（天尧躲在转角处吓唬本聪，本聪因此打了天尧一下），闹了点不愉快。但吴老师教育和安抚过后，两个人都很快意识到自己过分的地方。孩子没有隔夜仇，第二天又愉快地一起玩耍了。老师想在这里和天尧说，退一步海阔天空。用以牙还牙的方式和他人相处往往不是最优的选择，要学会大度和忍让，以退为进。相信在后面的时间里天尧一定会和本聪友好相处，共同进步！

老师也想在这里和本聪说，要学会大度和忍让，不要太计较个人得失。希望本聪在接下来的日子里能试着站在对方的角度上多为别人着想，不随意动手，争取在待人接物上能更加和善！

印州项目组

2014年9月15日

一张小小的感谢卡，拉近了你我之间的距离！

遇到困难不害怕，我们一起来解决！

第八周

写给市长的一封信

亲爱的印第安纳波利斯市长：

您好！

我是一位来自中国杭州的学生，英文名叫Jerry。今年的8月，我来美国印第安纳游学，现在在CFI#84School上学。我非常喜欢印第安纳波利斯，因为这里有大片的草地，舒适的空气，还有很多热情的人们。

在CFI#84School上学的两个月里，我发现了印第安纳波利斯有很多值得杭州学习的地方。在教室里，同学们可以有自己的放书包的地方，不像中国学校是放在椅子上，那样使座位变得很小，坐着不舒服；学习内容上，可以选自己喜欢的、擅长的科目，可以更好地发挥自己的特长；这里的午餐也很丰富，可以选自己喜欢吃的菜；上下学有校车接送，十分安全。同时，学校里的老师与同学都十分热情，不会因为我是一名中国人，语言不通，就不与我说话。他们会很主动地帮助我，让我更好地投入学习。

我也会写信给我家乡的市长，让他们学习你们好的地方。同时，也欢迎您到杭州来玩！

敬祝

身体健康！

中国学生：张本聪（Jerry）

2014年9月18日

在美国印州的日子

Dear Indianapolis Mayor:

Hello!

I am a student from Hangzhou, China, my English name is Jerry. This year in August, I came to Indiana Study Tour, now in CFI#84 school. I really like Indianapolis, because there are large areas of grassland, comfortable air, and passionate people.

I found a lot to learn from CFI#84 school in two months. In the classroom, students can have their own place to put the bags, unlike China is on the chair, the seat becomes very small, sitting uncomfortable; learning content, you can choose your favorite, good subjects, can better play to their strengths; lunch here is also very rich, you can choose your own favorite dish; busing to school there, is very safe. Meanwhile, school teachers and students are very enthusiastic, not because I am a Chinese, the language barrier, do not speak with me. They will be very active in helping me, so I better learn fast.

I also wrote to the mayor of my hometown, so that they learn you good place. At the same time, welcome to Hangzhou to play!

Sincerely

Good health!

Chinese student: Zhang Ben Cong (Jerry)

9-18-2014

敬爱的印第安纳波利斯市长：

您好！

我是来自遥远的印第安纳波利斯的姐妹城市——中国浙江省杭州市天长小学的学生，我于今年8月4日开始到印第安纳波利斯CFI#84School小学上学。

在游学的这段时间里，我发现了许多值得我们学习的地方。如这边的人们都非常文明，人人都遵守交通规则，因此虽然人们都开小轿车出行，但不会出现堵车的情况；人们还十分热情，即使是陌生人也会和你打招呼；这里的治安也很好，即使车子开着窗户也没人来偷东西；政府也很为市民着想，公共设施十分齐全，公园里有很多给小朋友玩的器材，公交车上还有专门放自行车的地方，为人们的出行提供方便。

在学校，我也感受到了许多不同：上下学都有校车接送，更安全、更方便；学校里四季如春，温度适宜；还有很多课都可以自己选择，使我们有更多的自由发挥的空间……这些我都很喜欢。

另外，我还想给您与您的城市提一个建议：可以更大地发展公共交通，如在每个公交车的站点都立一块牌子，上面写着这个公交车可以去哪，经过哪些站点，要多少钱。这样可以使来波利斯游玩需要坐公交车的人们更清楚公交车的行走路线，少走弯路。

最后，欢迎您来我的家乡——美丽的杭州游玩！

敬祝

工作顺利、万事如意！

中国学生：张天尧 （Tim）

2014年9月19日

在美国印州的日子

Dear Mr. Ballard:

Hello!

I am a student from Tianchang Elementary School in Hangzhou, one of the sister-cities of Indianapolis located far-away in Zhejiang, China. I started to study at the Center for Inquiry 84 School since this August.

During my stay here, I discover that there are many things that are worth to be learned from. For example, people here are very nice, and they follow rules that are necessary for an order city. People obey traffic rules, and there are no traffic jams even almost everyone has a car. When walking on the streets, even strangers will say "Hello" to you. Public order is impressive, as no one will steal things from a window-open car. The government does a lot of good things for its citizens too. I can see many well-constructed facilities for public use, and playgrounds for children to play in. One more thing that is amazing: you can put your bike in the front of a bus and travel with it! Such a good idea of providing convenience for people.

I can tell a lot of differences at school too. For example, we take school bus for schools, which I think is very safe and convenient. The temperature at school always remains warm and comfortable, like in spring. We have the freedom to choose among different classes, too. All of these are great to see and experience.

I would also like to take this opportunity to propose some ideas for you and your city. For example, a more developed public transportation system. You can consider having each bus stop a post board with information such as the destinations, each stops and also the fees for each different routes. I think, with a public transportation systems like I proposed, visitors of Indianapolis will take the advantages of convenient transportations, and enjoy themselves more when staying in Indianapolis.

After all, I want to send you a warm invitation to visit my hometown, Hangzhou, again!

Sincere regards,

Chinese Student: Zhang Tianyao (Tim)

September 19, 2014

细看进步在哪里

尊敬的家长：

你们好！在过去的一周里，项目组参加了CF1#84学校的期中家长会。吴老师和Lois通过和各学科老师面谈，详细了解了孩子们在校的各方面的表现。这周的评语就重点汇报老师们的反馈。

经过七周的进班学习，老师们普遍反映张天尧和张本聪已很好地适应了美国课堂，以下几方面进步明显。

首先学习的主动性有所增加。科学课、社会课和设计课老师都表扬了孩子们在课堂上能用英文向老师提问，寻求帮助。虽然他们还无法用完整的句子表达自己的意思，很多时候师生之间的有效交流依赖翻译软件的协助，但能尝试用英语进行沟通仍值得肯定。

其次能较为积极地和同学互动。如科学课常有小组合作，他们能和组员分工合作，一起解决问题。制作生态箱时，能主动寻找所需物品；学习使用显微镜时，又能帮着组员一起准备器材，合作观察……这些，都在告诉我们，孩子们已经很好地融入了班集体。

第三，孩子们能尽力完成各项作业。对孩子们来说，看不懂大篇章的英语叙述，无法用英语描述自己所思所想是学习时遇到的最大的困难，但是孩子们在老师们的帮助下，借助翻译软件，很好地完成了各项作业。例如，设计课要为印第安纳州设计成立200周年的纪念碑，他们自己动手学习搜集数据、制作图表、设计方案和制作模型；这周还给印第安纳波利斯市长写了一封信。老师们都能理解语言进步很难立竿见影，但是孩子们在努力，这点必须值得肯定。有留学经历的社会课老师表示，浸润式环境本身就是很好的"教材"，学习不仅仅是老师对学生讲，学生自己通过观察、探索、提问而获得的"第一经验"更加有益于学习能力的培养，而这些在我们的孩子身上也确确实实有所体现。

在每周的英语辅导课上，我们都能感受到本聪的英语水平在不断提升，已经能和老师进行顺畅地沟通，真为本聪的进步感到高兴。希望本聪在以后的日子里勤于思考，乐于表达，学会用自己的能力解决问题，减少对他人的依赖。

天尧各方面的表现得到了很多老师的赞赏，他有着比较好的学习习惯，有疑问的时候会主动问老师，还能主动与前台老师沟通因为有活动不能坐校车回家的事情，很好地挑战了自己。我们都很赞赏天尧在文字表达方面的能力，英语老师也表扬天尧写的一篇英语短文有着很清晰的故事脉络。确实，看天尧写的文章是项目组一直以来的享受，这周给市长的一封信里，我们再次看到天尧对周边事物的仔细观察和对问题的认真思考，值得表扬！相信通过这次印州课堂活动，他的收获将是巨大的。也期待着天尧在接下来的日子里，能更主动地用英语与周边的人进行沟通，让自己更上一层楼！

印州项目组
2014年9月22日

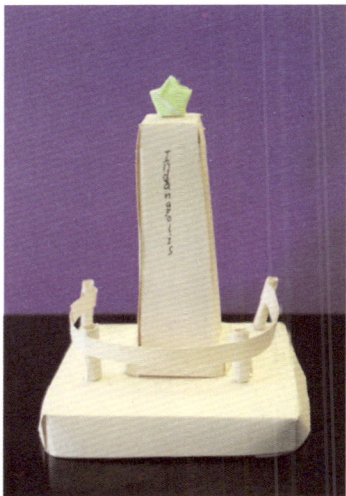

我们设计的纪念碑

第九周

写给校长的一封信

Dear Mrs.Collier:

 我十分感谢您与您学校的老师们，我也十分喜欢CFI#84学校。

 在CFI#84学校上学的两个月里，我发现这里有很多值得杭州的学校学习的地方。在教室里，同学们可以有自己放书包的地方，不像中国是放在椅子上的，使座位变得很小，坐着很不舒服；学习内容上，可以选自己喜欢的、擅长的科目，可以更好地发挥自己的特长；这里的午餐也很丰富，可以选自己喜欢吃的菜；上下学有校车接送，十分安全。同时，学校里的老师与同学都十分热情，不会因为我是一个中国人，就不和我说话。他们会很主动的帮助我，让我更好地投入学习。

 感谢科学老师Mr.Neureitur，在科学课上能经常给我们发言的机会；感谢美术老师Ms.webb，让我们学会怎样画人脸；感谢中文老师Ms.zhu，经常帮助我们和其他老师沟通；感谢英语老师Ms.K，让我们知道了要认真做事；感谢Mrs.williams，让我们认识了更多的英文数学符号；感谢Mrs.Ramey教我如何用网页与word文档制作一份好的作业；感谢Ms.Fahlsing，让我们学到了许多新的知识。

 虽然我已经快回国了，但我会记住这里美好的一切！

 敬祝

 身体健康！

 您的学生：张本聪（Jerry）

 2014-9-27

敬爱的Mrs. Collier:

您好!

我是来自杭州市天长小学的学生tianyao Zhang (Tim)。

非常感激您同意我们到您的学校与美国同学一起学习,还给予了我们这么多的帮助,使我们能更快地融入美国学生之中,Thank you very much!

我很喜欢您的学校,在这里,我感受到了许多与中国学校的不同:上下学都有校车接送,更安全、更方便;学校里四季如春,温度适宜;还有很多课都可以自己选择,使我们有更多的自由发挥的空间;老师与同学们都非常热情,都很乐意帮助他人……这些我都十分喜欢。

在我学习的这段时间中,每个老师都对我有极大的帮助。科学老师Mr.Neureitur在课上不断地鼓励我,在我遇到困难时还帮我把作业翻译成中文;数学老师Mrs.Williams 给了我一个个上台展示自己的机会;美术老师Ms.Webb的精彩课堂使我明白了美术可以与文字完美地融合在一起;设计课老师Mrs.Ramey教给了我如何设计一个新的东西;中文老师Ms.zhu 在我们不会与其他老师交流时给予我们极大的帮助;历史老师Ms.Fahlsing让我了解到了Iceman 奥兹的一连串的事情,使我知道了许多新的知识;英语老师Ms.K对我们十分严格,使我改掉了许多不好的习惯;体育老师Miss.Brown让我们在快乐的游戏中运动,在愉快的音乐下跑步,强壮我们的身体……

值得回忆的事情还有很多,在这快要离开CFII#84学校的日子里,我由衷地对各位帮助过我的校长、老师、同学说一声:谢谢!

敬祝

工作顺利、万事如意!

中国学生:张天尧 (Tim)

2014-9-28

我们结业啦！

我们结业啦！

全家福

后记

时间倒退回三年前。

那是6月的一天，庞科军书记非常难得的来到我办公室，说："阿兰，这次学校打算派你带学生去美国交流两个半月，你愿意吗？"我惊呆了，这真是喜从天降。虽然学校一直有外派教师出国学习的惯例，但不是英语老师，就是懂英语的。作为一个中师毕业生，英语可以说是我永远的痛，它们认识我，我不认识它们，所以从未想自己可以出国研修。虽然走出国门去看看一直是我的愿望，但26个字母，分开全认识，拼在一起就基本不认识了，更不要说听力了。听不懂怎么办？无法沟通怎么办？我不禁担心起来。

庞书记似乎看出了我的忧虑，说："别担心，楼校长特意为你请了英语老师，突击一下。"于是，我开始了一系列出国访学的准备工作：每天下班后从基本的口语开始学起，与家长沟通前往美国游学的一系列注意事项，准备签证的各项材料……

终于，在惴惴不安中，我带着两个学生开始了美国研修之旅。有过言语不通的痛苦，有过对家人的思念，但更多的是满满的收获。

忘不了从刚踏入美国机场时语言不通的惶恐不安到能和邻居谈笑自如，忘不了刚进入美国课堂时像个聋哑人到能引领美国学生探究数学奥妙的兴趣，更忘不了一起去游学的两个孩子从什么都不会到能在告别会上自信地表达……在零距离接触美国教育的同时，无论是我还是一起去的两个孩子，在英语听力及表达方面都有了很大的长进。

感谢"天长"，让我拥有了深入美国课堂的机会，亲身体验了什么是在活动中学习，亲眼看到了如何真正关注学生的差异；感谢"天长"的同事，在我研修期间，分担了原本属于我的工作，让我安心学习；感谢美中国际教育交流协会，除了为同行的学生安排好学习活动，还为我量身定制了研修课程，让我有幸接触到幼、小、中各个阶段的美国教育；感谢同行的两个孩子在美国期间的陪伴，也要感谢他们的父母对我的信任与对我工作上的支持；感谢学生中心的云姐，照顾我们的生活起居，让我们身处异国还能吃到可口的中餐；感谢唐彩斌校长，为这本书写序，给我提出修改建议；感谢浙大出版社的编辑们，一遍又一遍地审读书稿，给予我指导；更要感谢家人，尤其是丈夫，在我出国的两个半月中，照顾好儿子的学习与生活，让我无后顾之忧……也正是因为有了这么多人的关爱，才让这本书有机会呈现在大家面前。

这本书中，记录的是我在美国两个多月所看到的一个个现象，所经历的一件件小事，以及自己的一点点所思所想；这本书中，也有一同前往美国游学的两个孩子每周的感想以及他们的点滴成长……虽然文字很质朴，语言很稚嫩，但反映的是我们最真实的感受与想法。

限于自身水平，且仅用两个半月的时间要来描绘美国教育的全景图还略显仓促，不足之处在所难免，恳请读者谅解与指正。

吴玉兰

2017年7日 于杭州

图书在版编目(CIP)数据

在美国印州的日子 / 吴玉兰著. — 杭州：浙江大学
出版社，2017.10（2018.1重印）
ISBN 978-7-308-17245-5

Ⅰ. ①在… Ⅱ. ①吴… Ⅲ. ①教育研究－美国
Ⅳ. ①G571.2

中国版本图书馆CIP数据核字(2017)第187580号

在美国印州的日子

吴玉兰　著

策划编辑	谢　焕
责任编辑	杨利军
文字编辑	马一萍
责任校对	陈　翮
封面设计	周　灵
出版发行	浙江大学出版社
	（杭州市天目山路148号　　邮政编码　310007）
	（网址：http://www.zjupress.com）
排　　版	杭州林智广告有限公司
印　　刷	杭州钱江彩色印务有限公司
开　　本	880mm×1230mm　1/32
印　　张	4.25
字　　数	107千
版 印 次	2017年10月第1版　2018年1月第2次印刷
书　　号	ISBN 978-7-308-17245-5
定　　价	38.00元